.

时间内卷

[日] 尾石晴 著　郭勇 译

やめる時間術
24時間を自由に
使えないすべての人へ

湖南文艺出版社
HUNAN LITERATURE AND ART PUBLISHING HOUSE　博集天卷
CS-BOOKY

开篇，我先问大家一个问题。

"一天之中，你有多少时间是为自己而用的？"

曾经很长一段时间，我在一家长时间劳动型公司里当"打工人"。那个时候，我的生活几乎全部被工作占满，根本没有"自己选择的、为了自己的、让自己满足的时间"。

- 在外资制造业企业中，每月加班时长超过 100 小时。
- 公司中的常用语是"少报一点工作时间！"（如果被产业医师约去面谈，可就麻烦了）。
- 不仅工作时间太长，而且岗位调动频繁。
- 国内出差，去的时候都是坐最早的始发航班，回来的时候则坐末班新干线（因为末班新干线的发车时间比末班飞机还要晚一些）。

当时，我理所当然地认为"进入社会后，生活应该就是这样的。工作忙是充实。虽然忙，但大家都是这样生活的"。

但是，我结婚生子之后，又加上了一个职业女性兼妈妈（简称"职业妈妈"）的身份。工作的同时，还要照顾家庭，养育孩子。

那是 7 年前的事情。当时，我的生活一下子就更加紧张了，根本没有自己的时间。"吃晚饭的时候，孩子坐着吃，我则要站着吃，还要洗尿片、洗衣服""当时我都没有涂润肤露的时间，冬天，皮肤干燥得掉渣"……虽说单身时代就每天"被工作追着跑，没有自己的时间"，但有了孩子之后，时间的紧张程度根本不是单身时代可以比拟的。

终于，我意识到这样下去自己要完蛋了，于是开始彻底反思，调整自己的时间管理方法。最终，我总结出三个能力，只要把这三个能力磨炼好，我们就能获得属于自己的时间。

（1）可视化能力（从整体上俯视、把握现在的时间管理方法）。

（2）减法能力（分辨出哪些事该做，哪些事不该做，减少时间浪费）。

（3）加法能力（根据自己的人生目标重新安排自己的时间和行动）。

通过调整自己的时间管理方法，作为一个有孩子的全职上班族，我每天可以给自己留出一个半小时的自由时间，用于取悦自己。利用"创造"出来的这些时间，我取得了以下成果：

- 治疗不孕症（通过显微受精技术，顺利怀孕，生了二胎）。
- 管理 3 套公寓用于房屋租赁，并注册了法人公司。
- 考取瑜伽导师（全美瑜伽联盟 RYT200、冥想瑜伽）、生活导师、心理导师资格。
- Voicy（音频自媒体）粉丝超 2 万。
- Twitter 粉丝超 1.4 万。
- note 粉丝超 1.2 万。
- 博客每月浏览量超 5 万次。
- 发行 note 网络杂志，每月定价 580 日元（订阅者超 400 人）。

当然，取得这些成果的同时，我的主业——工作——也没有一点松懈（因为我效劳的是一家外资企业，如果有一点松懈的话，就会被解雇的）。在公司的时候，我彻底提高工作时间内的工作效率，在下班前保证完成工作。下午 6 点准时去幼儿园接孩子。

不仅没有耽误工作，我还参加了公司的升职考试，并成功晋升为经理。在二胎产假结束后，还能复职到自己理想的岗位。我的业余爱好——读书，也得到了充分满足，每年我要读 200~300 本书。

"你是一个全职工作还要带孩子的妈妈，为什么还能有这么多时间可以自由支配呢？"

我开始在网上发声的两年多来，这是我遇到的最多的问题。其实，我每天的时间并不比大家多，同样是 24 小时。

那我到底是怎么安排或者说挤出时间的呢？当工作、家务、育儿三座大山压在我身上的时候，也正是我思考"时间使用方法"的开端。

周围人常对我说："你取得了那么多成果，看样子肯定为此花费了大量的时间。"其实并非如此。我只是学会了把握哪些是自己"不想做的事情""不做也可以的事情"，然后与它们"（100%）断舍离"。仅此而已。我没有任何了不起的时间管理技巧，只是用了"减法"。不过，这说起来容易，做起来却比想象中的难很多。为什么这么说？因为世间充斥着太多的诱惑信息，让人觉得"这件事我可以做""这件事我想做"，结果，我们不停地在寻找"自己要做的事"。

我是一个普通的上班族，一直想把工作和育儿同时做好，也因此不停地为"时间不够"而烦恼。为了实现"时间自由"，我经过反复尝试、犯错、修正，总结出了一套所谓的"断舍离时间管理术"，并把它们分解为可以分成若干小步骤实施的方法，编写成这本书分享给大家。

这本书并不是写给那些"只是不会合理使用时间"的朋友，

而是写给那些因为家务、育儿、照顾老人、工作等各种各样的原因，无法把时间按照自己想要的方式进行分配的朋友，以及正在犹豫"哪些事该断舍离"的朋友。

　　这本书的内容，正是 7 年前的我急切想寻找的方法。希望这本书能够给那些和当年的我一样，为没有个人时间而烦恼的朋友，提供一点点帮助。

Q / 没有时间的生活就是"没有自我"的生活

现在一些 30 多岁的年轻夫妻，因为双方都要上班，又要养育孩子，所以很多人没有多少个人时间，甚至"1 分钟都没有"。

清早 6 点前就得起床，然后做早餐、洗衣服、送孩子去幼儿园，在高峰期挤地铁去上班。中午，手里的工作停不下来，就只能边工作边对付着吃一点，算是解决了午餐。下午，一边计算着下班时间，一边拼命把剩下的工作做完，到点后飞奔到幼儿园接孩子。回家后做晚餐，把早上洗的衣服收了、叠好，洗个澡。为第二天做好准备，好不容易把孩子哄睡着，就已经 22 点多了，然后筋疲力尽地钻进被窝……

这也不单单是女性面临的问题。随着夫妻双方都工作的家庭（简称"共职家庭"）的增加，男性的个人时间也越来越少。因为他们不仅仅要担负工作的重任，在家庭中承担的责任也比以前的时代多了不少（以前的时代，日本家庭中男性负责工作挣钱，女性做全职太太照顾家庭。但我认为男性完全不顾家庭的生活方式也有问题）。

反之，也有一些工作顺利但与家人关系不和谐的男性（我的父亲就属于这种。我们父辈的时代，这种问题在男性中比较普遍）。

原因也很简单，就是那时的男性把所有时间都投入工作中了，没有时间履行家庭责任。

"有了孩子之后，夫妻之间吵架的次数越来越多。甚至开始讨厌对方。"

有这种烦恼的朋友，您不妨把手放在胸口好好思考一下。

我们成年之后，肩负的社会责任（对工作、伴侣、孩子、父母、邻居等）增加了，无法自己控制的时间也增多了。

但是，大家是不是会给自己找理由说，"没时间是因为我要上班……我要照顾孩子……，所以没办法，我什么也做不了"。然后接受现实，咬牙坚持下去。

"本来希望获得幸福的人生才选择了这样的生活，可没想到现在被时间追着跑，甚至快要窒息，工作没意思，带孩子又很辛苦，夫妻关系还坠入冰点。"

这样的声音，在夫妻共职的时代不绝于耳。

原本是自己选择的生活，可还发这样的牢骚，可见他们对现在的生活状态并不满意。

我见过太多的朋友为了"勉强维持工作和家庭"而努力坚持着。可是，这样的"努力"让他们成为时间的奴隶，每天忙得天昏地暗。

　　有的时候，他们压榨自己的时间，已经压榨到了让身体和心理受伤的程度。这样的"努力"，能让人生变幸福吗？显然是不能的。因为"只做应该做的事"，那并不是真正意义上的人生。

　　"时间，就是生命。生命，在心中。"这是米切尔·恩德的名作《毛毛》（岩波少年文库）中的一句经典的话。

　　"我虽然很忙，但没有一丝充实感，这样下去真的可以吗？"

　　这种不满、不安，来自哪里呢？我认为根源就在于"自己无法掌控自己的时间"。

　　丧失"自己的时间"，长期维持这样的生活，人是要生病的。这并不是夫妻共职时代才会出现的问题。家庭主妇、照顾久病卧床的父母的子女、每天加班到深夜的长时间劳动者，只要是长时间为别人花时间的人，都会面临这样的问题。

　　使用时间的方法，其实就是"选择自己人生的方法"。

7 年前，因为第一个孩子的出生，我成了一边工作一边带孩子的职业妈妈，从那时起，我几乎失去了自己的时间。我要做家务，还要照顾孩子，而在公司的工作一丝也没有减少，每天的忙碌程度可想而知。从那时起，我就过上了"没有自己时间"的生活。

结果，我开始对（起码看起来是）每天开心工作的丈夫感到不满和厌烦，甚至是憎恨，心想："为什么他可以轻松地投身工作，我却要把所有时间都贡献给这个家？"

但是有一天，我发现这样下去要出问题。

那天晚上我把孩子哄睡着已经是 22 点多，这时丈夫才回家。没想到丈夫一回家就对我说："你天天都这么累、这么不开心、这么烦躁，要不就离婚吧。"听到这话，我顿时心生怒火，我拼了命地为这个家付出，几乎把自己的所有时间都花在了这个家上，我一直在忍耐，可你为什么对我说这样的话？！

发怒归发怒，但我心里明白，如果继续这样下去的话，工作上迟早要出问题，但在工作出问题之前，说不定家庭先土崩瓦解了。我也知道，我的怒火是指向丈夫的，可再怎么向丈夫发火，我的时间也不会增加一分一秒啊！

我暗下决心："我必须学习时间管理术，提高效率，创造出属于自己的时间，否则，我一定会因'时间贫穷'而死！家庭和工作都要完蛋！"

于是，我到书店里大肆搜罗各种有关时间管理术、高效工作术的书籍，买回来潜心研究。

- 购买了年度效率手册，每一页都印有一句珍惜时间的名言警句。
- 下载了时间管理 APP（应用软件）。
- 听说预制晚餐可以节省时间，我利用周日的时间预制了一周的晚餐。
- 有人建议我把一些家务外包出去，我立即预订了临时保姆和保洁服务。
- 听说有些家用电器可以提高家务劳动效率，我也马上采购了几种。

只要是缩短劳动时间的工具和方法，我都尝试了一下。

但没过多久我就发现，"虽然自己的时间稍微增加了一些，但并没有让我产生丝毫的满足感。"

最初，我以为"只要在生活中加入节约时间的手段，就可以省出时间，我也能变得快乐"。

但是，尝试了节约时间的管理术和高效劳动的技巧之后，只是挤出了很少的一点时间。而且，挤出的这点时间，也多半被我呆坐在椅子上看手机给打发了……

为什么会这样呢？因为我没有明确的目的，不知道自己挤时间是为了干什么。

最后我才发现，市面上流行的时间管理术方面的书籍，都是为那些一天可以任意支配 24 小时时间的朋友写的。

那些书的作者，或者是单身，或者家务事、育儿工作有另一半负责，或者育儿工作已经告一段落，自己有对工作时间的控制权。从某种程度上讲，这些作者可以自由支配自己的一天 24 小时。

可是，就我个人当时的状况而言，一天的 24 小时几乎都不能由我自己支配。所以即使读了那些书，学会并应用了一些时间管理技巧，对我也没多大帮助。

那些书中常说的，要把零散的空隙时间利用起来，我照做了，可是并不能从根本上解决问题。我每天有太多不得不完成的任务，压得我喘不过气来，挤出时间读书获得的方法、技巧，也多半没法实施。

为了从这种困境中解脱出来，我决定不再依赖书上那些时间管理术和技巧，转而开始寻找属于我自己的"时间使用方法"。我对时间进行了分解，分解成"让自己满足的时间""对未来有用的时间""让家人快乐的时间"等。总之，我开始凭借自己的力量，来重新塑造一天 24 小时的过法。

终于，在做好所有事情的同时，我也逐渐建立了一套"让自己活得满足的时间管理术"。

Q / 让自己活得满足的时间管理术

也许您现在每天积极投身于工作，事业也蒸蒸日上，但是请您想一下，工作之外的事情，您觉得如何呢？

家庭、育儿、自己想做的事情等，能让您感到满足、幸福吗？

说句僭越的话，现实中能像我一样同时完成多方面的任务（工作、家庭、兴趣爱好等）并能享受"自我满足时光"的人，恐怕少之又少。"我工作干得不错，可家庭……""我家庭挺圆满，可事业上……""工作、家庭两方面都还凑合，可自己过得并不开心……"，这样的声音不绝于耳。

大多数人都是为了让自己的人生更幸福，才努力工作，才成立家庭。可为什么出于寻求幸福的目的选择的生活，却失去了自己的时间？为什么一定要在工作和家庭之间二选一？而自己的兴趣爱好也不得不先放在一边，没时间去做。这样的状况让很多人心怀怨念，我也见过太多为此而忧郁的面容。

过去的我，也和大家一样心怀不满，对生活倍感忧虑。其实根本原因就在于"没有自己的时间"。

我就像走钢索一样，在工作、家务、育儿之间小心翼翼地周旋，不敢有一丝大意，并一直在思考有关"时间"的问题。当我想明白"如何使用时间，就是如何度过人生"的道理之后，我开始尝试思考"哪些事情应该使用时间，哪些事情不应该使用时间"。

在我看来，会"创造"时间的人应该是把自己的时间当作"有限数字"来理解的人。

而且，这样的人会根据自己人生中各种事情的重要性，对有限的时间数字进行加减运算。

换句话说，他们是了解"自己的生活方式"的人。

这样的人会根据"自己的价值观"来选择"使用时间的方法"。

进一步讲，他们还可以通过管理自己的时间，来控制精神压力、感情等"无法数值化"的东西。

我写这本书的目的，是帮助您重新审视自己"使用时间的方法"，进而选择适合自己的生活方式。

我是为那些没有权利自由支配一天 24 小时的朋友写的这本书。

正在读这本书的朋友，相信您肯定有一个想法——"我想获得自己的时间！"就和 7 年前的我一样，再也不想过被时间追着跑，几乎要窒息的生活。也许这本书就能给您一些改变生活的提示。

在这本书中，我将把自己通过实践获得的"时间使用方法"进行简单的分解。读完之后，相信您一定能找到"为自己使用时间的方法"。

"事情太多，没有自己的时间也是没有办法的事。我再怎么努力也没法改变现状。"

有这种想法的朋友，请您一定要读一读这本书。

有可能的话，请实践书中的方法，尝试找回"自己的时间"，选择过让自己感到满足的生活。选择怎样使用时间、选择过怎样的生活，权利在您自己手中！

Contents
目 录

序章 **"没时间！"的想法**
应该从头脑中剔除

提高时间效能的方法

断舍离时间管理术的关键在于时间的"减法"

关于时间的问与答

应该从头脑中剔除『没时间！』的想法

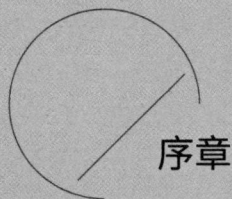

"没时间"的生活方式，其实是自己选的。……人过分习惯"没时间"的生活后，就会逐渐丧失"逃离不快现状"的意愿和勇气。如果您真的想改变这种不快现状的话，只有"不断拓宽自己的视野，一点点地改变自己"这一条路可走。

01 / 总为"没时间"而焦虑，是一种病

　　第一个孩子出生后，我休了一段时间的产假。产假结束，我重返工作岗位。从此，我陷入了完全没有个人时间的生活状态中。关于这一点，我之前倒是多少有点预见。

　　我每天早晨 7 点出门，先送孩子去幼儿园，然后再赶去公司上班，上班路上我便开始处理工作邮件。到公司后，上午一般是开会或会见客户。到了中午，一般都是凑合着吃点——拿出事先在便利店买好的饭团，一边敲键盘一边往嘴里塞。

　　下午除了常规工作之外，偶尔还会收到上司突然指派的临时任务，或者处理一些紧急事件。工作忙得差不多了，抬头一看表，基本上已经 17 点半了。要想准时去幼儿园接到孩子，我必须 18 点下班离开公司。剩余的 30 分钟，我开始整理剩余的工作，准备打包带回家做。然后跟同事们草草打个招呼，就以百米冲刺的速度离开公司了。

　　接孩子回家之后，忙碌得也像打仗一样。做晚饭、喂孩子吃饭、给孩子洗澡，然后洗碗、洗衣服，只能做最低限度的家务。

这些都做完，再打开从公司带回来的笔记本电脑，开始工作。时间转瞬即逝，当回过神来的时候，发现"啊！已经半夜12点了，明早还得5点半起床呢！"，不得不关上电脑，匆忙跑进卧室，钻进被窝，3秒钟入睡……

这样的日子，日复一日……

在这种状态下，我的兴趣爱好，比如练瑜伽和读书，是完全没有可能进行的。心想，只有等到周六再说了。可到了周六，又得大扫除，又得出去采购，所谓"自己的时间"依然只存在于梦里。说起来，我每天做的那些事情，与其说是出于自己的意愿，不如说是"不得不干"的。

天真的我还在幻想，只要把握好生活节奏，这种被时间追着跑的生活状况总会改善的。可是，在我复工4个月后，进入了蝉鸣蛙叫的夏季，生活依然是老样子。

那时我总是很焦虑，不知道原因在哪儿，但就是很焦虑。

现在我已经明白当时的问题，那时的我认为"该做的事、必须做的事太多了，所以没有自己的时间"，还认为"所有这些事必须由我来做，我不做的话没人替我做。我要向公司请假的话，会给同事添麻烦。我不这样努力的话，孩子就过不好"。这样的想法，让我承受着极大的精神压力。

那是 7 年前的我所处的艰辛状况，而我相信现在有不少朋友正经历着我当年的艰辛。在这里我想先问大家一个问题："我们'该做的事、必须做的事'是什么呢？"

"工作、育儿、家务事。"

简单概括下来可能就是这三项，但其实每一项中都包含着无数的细分任务。

工作的话，收发邮件、制作资料、对部下进行管理……；育儿的话，接送孩子、喂饭、洗澡、哄睡觉……；家务事的话，做饭、洗衣服、大扫除……再细分的话可能一时半会儿说不完。

当初的我没有对"做的事情与使用的时间"进行分解，而是把一切事当作一个整体来对待，就是觉得"这个不做不行，那个不做也不行"，所以才会非常焦虑。但实际上，还有一个更重要的选项——"不做"，可我当时根本没有想到这个选项。

"怎么才能增加自由支配的时间呢？"

这是现在的我被问及最多的问题。既然有人问我，我当然会给出自己的建议：

"先把使用的时间以数字的形式记录下来。"

"把正在做的事情'可视化'。"

"把工作分解开来重新审视，就可能挤出时间来。"

听到我的建议后，提问的人又会说：

"可是，我做不到……"

"在我们公司里不可能……"

"我老公在家里从来不伸手帮忙，家务活都得我一个人做吗？"

本来是他们问我怎么才能改变，当我给出提示后，他们先想到的却是"做不到的理由"。这些人都是在做之前认为自己做不到。

这样的朋友对于时间的使用方法陷入了一种"习得性无助"的状态。

"习得性无助"是一个心理学术语，由心理学家马丁·塞利格曼提出，意思是当人长期经受无法回避的精神压力之后，就会放弃逃离现状的努力。

当一个人长时间受困于工作、育儿、家务事，被时间追着跑了很久之后，他的想法就会变成"姑且把眼前的这一天平安无事地过完吧"。虽然他也对现状感到不快，但已经没有心思去改善或逃离了。

7 年前的我，基本上就处于这种"习得性无助"的状态。虽然也想改变现状，但内心总是想"说不定会变得更麻烦"。这样的心理，让人丧失了改变的动力和更宽广的视野。

视野狭窄的人，常会把自己的消极状况放在"聚光灯"底下仔细观察，缺乏冷静俯视的姿态。

对这样的人来说，即使该做的事情是"1"，他们也会通过显微镜把这个"1"放大成"100"。

也就是说，他们会放大该做的事情，让自己感觉该做的事情很多，而且不做这个不行，不做那个也不行。结果，给自己招来了更强的危机感，让自己感觉更没时间了。

到了这个地步，他们已经不会再听别人的意见，甚至连改变现状的勇气和意愿都丧失了。于是，困境会持续下去。

再有一点，时间不够用的"大忙人"还容易陷入睡眠不足的境地，而睡眠不足能加剧"我做不到"的逃避心理。

与动力息息相关的激素有血清素、多巴胺、肾上腺素等，这些激素会在睡眠中分泌。所以，睡眠时间短、睡眠不够深的话，这些激素的分泌量就不够。从这个生理角度说，睡眠不足也容易导致习得性无助。

因为事多时间少，就缩减睡眠时间。夜里孩子还要哭闹的话，父母的睡眠质量又要大打折扣。这是共职夫妻在养育孩子时一定要多加注意的事情。

不过，在这里我要说一句难听的话，"没时间"的生活方式，其实是自己选的。

人过分习惯"没时间"的生活后，就会逐渐丧失"逃离不快现状"的意愿和勇气。如果您真的想改变这种不快现状的话，只有"不断拓宽自己的视野，一点点地改变自己"这一条路可走。

7年前的我，"不管是在工作上还是在家庭里，常会感到焦躁不安",也越来越讨厌这样的生活和自己。"为什么什么事都得我来做?!"这样的抱怨心态也与日俱增。

那时的我已经无法和丈夫轻松地交流,甚至到了无话可说的地步,在家里也形同陌路。在公司里,每到下班我都是第一个冲出去,回头想想,对上司和同事也充满歉意。我已经那么努力了,可为什么每天还过得如此辛苦?

但是我也明白,"这样下去绝对不行。没有人能帮我解决这个问题,只有自己才能解决"。为了找回曾经那个轻松愉快、对生活游刃有余的自己,我开始思考如何才能挤出时间。于是,我重新审视了自己的生活,找到那些对自己真正重要的事情,放弃对自己不重要的事情。

您猜结果怎样?我的生活有了起色,"令我感到满足的时间"逐渐多了起来。我作为一名全职员工、两个孩子的妈妈都能做到,您也一定能做到!我就是抱着这样的信念,编写了这本书,希望把自己的经验分享给大家。

03 / 准备一个"时间钱包"

总说时间不够用的人，无法准确把握"自己在一天之中，花多少时间用在做什么事上"。甚至可以说，这样的人几乎不知道"自己使用时间的方法"。当初的我就是这样的人。

他们的理由是"时间和金钱不一样，是看不见的"。

不过，时间和金钱有一点是相同的，它们都可以管理。只不过很多人认为"管理时间的方法，我不知道"，或者感觉"管理时间太麻烦了，所以不想做"。

要想存钱的话，首先应该做的是什么？我觉得应该是"了解自己的收支"，即"一个月挣多少钱，花多少钱"。只有了解这一点，才能开始进行储蓄。

举个例子，"一个人一周前在银行的自动取款机上取了 3 万日元现金。今天他到便利店买东西，在付款的时候打开钱包一看，却发现里面空空如也。咦，钱都花哪儿去了？"您觉得这样的人能存下钱吗？

时间也是同样的道理，如果都不知道"自己的时间用在了哪儿，用了多少时间"，那怎么可能为自己挤出时间呢？

在把握时间的时候，我们可以引入"时间钱包"的概念。

每天，我们应该先把一天 24 小时放进自己的"时间钱包"里。这 24 小时我们用在哪里，怎么用，用多久，是必须了解的，否则，我们就不可能为自己挤出时间。

当一个人不知道自己的时间都花在哪儿了，也就是"用途不明时间"非常多的时候，他就会因"时间贫穷"而死。

在一天 24 小时中，我们刨除睡眠、工作、吃饭、洗澡等每日生活所必须花的时间，剩下的时间要怎么过呢？在工作中，刨除开会、制作资料、和客户见面等日常工作，剩下的工作时间该做些什么呢？

从"时间钱包"中掏出来的时间都用在了哪儿？搞明白这个问题之后，我们才能对"时间的使用方法"重新进行规划。搞清楚时间的用途，就叫作"时间的可视化"。

以前，我不管使用多少耍小聪明的时间管理术和生活小妙招，都无法持续性地为自己挤出更多的时间。后来分析发现，就是因为最开始我没有将自己的时间可视化。一开始，我学习了快速回复邮件的方法，记住了电脑的快捷键用法，也尝试了一次性购买大量食材放在冰箱里储存以节省采购时间的方法，但这些工作、生活技巧并不能为我持续性地挤出令自己满足的时间。

其中的原因也显而易见。我并没搞清楚一天中回复邮件一共要花多长时间、使用快捷键能节省多少时间、一次性大量采购又能节省多少时间。

因为我不知道自己的"时间钱包"中存入了多少时间，也不知道这些时间都花在了哪儿，分别花了多少时间，所以，只使用节约时间的方法，也无法取得想要的效果。头脑中完全是一片混乱。

只有准确把握自己在一天中为了什么事花了多少时间，从整体上让自己的"时间钱包可视化"，才有可能对"时间的使用方法"进行分类整理。

04 / 时间管理的第一步——"可视化"

具体的经验和方法我将从第一章开始为大家详细介绍，在这里我想先给大家介绍最低限度的"时间可视化"方法。相信您在读了之后一定有茅塞顿开的感觉——"仅仅是这样做就可以挤出这么多自由时间，真是太实用了！"

首先，因为时间不是物品，所以即使想看也看不见。要想将时间可视化，"做记录"是唯一的方法。

"什么？做记录？太麻烦了！"可能不少朋友会有嫌麻烦的想法。但其实，不少人正在或者以前就记录过。比如以前流行的效率手册，以及现在诸如"未来时间管理"之类的手机 APP，相信很多朋友都用过。

具有代表性的时间管理方法：

☐ 将预定的事情记录在效率手册、日程表中。

☐ 使用 Google（谷歌）日历等。

☐ 用手机设置日程提醒。

"我的日程安排，全都记在脑子里。"相信这样的朋友少之又少，因为大多数人不具备如此强大的记忆力，容易耽误事。

在日常生活中，为了将看不见的时间"可视化"，我们会使用日程表等工具对预定日程进行"记录"，借此来管理时间。

但是，将时间可视化中最重要的一点不是管理"未来的时间"，而是管理"使用过的时间"。也就是说，"对过去的日程进行记录"。仅此而已。对使用过的时间进行"记录"，可以让我们看出预定的"未来时间"与"使用过的时间"之间的"偏差"。

举个例子，假如我在日程表（未来的时间）中记录了一个事项——"和朋友喝茶聊天1小时"。可是，日后回头看的时候，在记录"使用过的时间"的"过去日程表"中发现，"和朋友喝茶聊天实际花了2小时"。相信大多数朋友都有类似的经历。

所以，我们应该把做所有事情的预定时间和结果时间（实际使用时间）分别记录。这样一来，做事情是否超时，是否透支"时间钱包"中的余额，就一目了然了。这就是所谓的时间可视化。

而且，我把"预定时间"和"结果时间"之间的偏差（结果时间超出预定时间的差）称为"超预算时间"。

》》》 提高预算时间的精度

会产生"超预算时间"的原因主要有两个：一是"预算时间的时候太随意"，二是"用途不明时间和蒸发时间"的存在。

拿金钱来说，确定预算之后，花钱的时候就不能超过预算金额。预算是 1 万日元的话，最多只能花 1 万日元。做时间预算的时候，也是同样的道理。

不用我说大家都知道，一天就有 24 小时，不会多也不会少。我们虽然都知道这一点，但是在预算时间的时候，容易太过随意，经常把 24 小时内根本做不完的任务（工作、育儿、家务等）安排给自己，或者接受别人的安排。

实际上我自己在对时间进行可视化之前，也只是一味地觉得时间不够用。

但后来我想明白了，时间不够用是因为自己接受或承担了超出自己时间框架的任务，一项任务超时就不得不挤压其他任务的时间，从而造成时间不够用。

以前我认为生活中的很多事情都得做，所以 24 小时做不完也是正常的。但通过将时间可视化，我找到了时间不够用的原因，并且找到了准确把握时间的方法。

举例来说，在工作中上司给我分配了 A 业务，通过大体估算，我认为"把 A 业务做完的话估计 2 小时就够了"，于是接受了这项工作。但实际干起来，总共用了 4 小时才真正做完。因为超了 2 小时，所以不得不挤压其他工作任务的时间。但是，我把做 A 业务的实际时间记录了下来，下次再接受类似工作任务的时候，我就可以更准确地估算工作时间了。

为了准确把握自己做哪项工作要花多少时间，我建议大家在实际工作的时候，用秒表测算时间（图 1）。

一开始您肯定会觉得麻烦，但这样做对时间可视化与精准预算时间有很大帮助。经过一段时间这样的训练，您的一天 24 小时，

图1　准确把握时间的方法

便　笺

倒垃圾	14 分钟
读资料	28 分钟
总结数据	12 分钟

00:00

用秒表（或智能手机的计时软件）对超预算时间的工作进行计时，把结果记在便笺上。

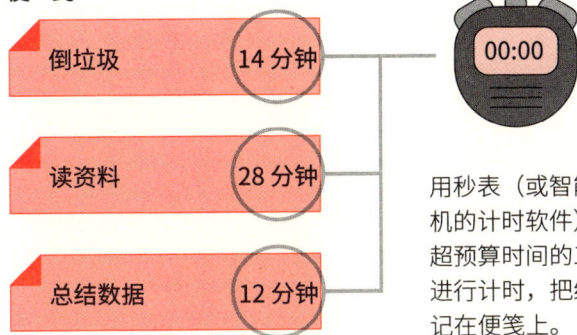

不管是工作还是家务事，要想准确把握时间，用秒表计时并做记录，是个好办法。

就可以按照您的计划准确使用了。

>>> 减少"用途不明时间"和"蒸发时间"

造成时间超预算的第二个原因是"用途不明时间"和"蒸发时间"的存在。

当您把自己的一天 24 小时都可视化之后,您会意外地发现自己竟然有这么多"用途不明时间"和"蒸发时间"。

用途不明时间和蒸发时间的典型例子:

☐ 浏览网络信息,查看智能手机中各种 APP 推送的通知。

☐ 5 分钟、10 分钟的间隙时间,用来发呆了。

☐ 被办公桌周围的其他文件吸引,不经意伸手拿来翻阅。

☐ 明明在做一项工作,但意识到的时候发现自己正在查其他方面的资料。

☐ 对单纯重复性工作没有系统化,每次都要从头做起。

这些用途不明时间和蒸发时间,每一项都很短,也就几分钟,可能大家都不太在意,心想:"浪费这点时间不算什么。"但若干个"几分钟"累积起来就很可观了。

拿我个人来说,每天使用手机看社交媒体或浏览网络信息的时间，用电脑查阅电子邮件的时间，每天做重复性却没有系统化的工作的时间，都是用途不明时间和蒸发时间。就算每一项只花费几分钟，合计起来每天也要浪费至少 1 小时。

明明时间很紧张，总感觉不够用，没想到花在这些"莫名其妙的事情"上的时间却有这么多。实在太可惜了！

包括过去的我在内，很多朋友都觉得这些零散时间不那么重要。比如每天都要重复的工作，几分钟就能做完了，如果要为此建立一套系统就太麻烦了。建立系统虽然能省点时间，但每天都从头做，也就几分钟而已。所以很多人宁愿把每天必须重复的工作重新做一遍，也不愿为此建立一个系统，从此一劳永逸。

但如果能把这块时间可视化，并为此建立一个系统，就可以防止这项用途不明时间和蒸发时间的产生。这样做，虽然每次只能节省几分钟，但把这几分钟放进自己的"时间钱包"，积累多了就很有价值了。

把整体时间都可视化之后，我们可以精确地预测做每一件事的时间，也可以减少用途不明时间和蒸发时间。结果会怎样？结果就是做"自己想做的事情"的时间增多了。一开始，也许增加的自由时间只有短短的几分钟，但千万别瞧不起这些零散时间，积少成多，逐渐就能形成可以自由支配的大块时间，也能让人从

"时间不够用"的思维定式中摆脱出来。

那么,从下一章起我就开始为您正式介绍时间可视化的方法和技巧。

序章总结

☑ 拓宽视野,逐渐改变现实。

☑ 准确把握"自己做了些什么,为此花了多少时间"。

☑ 建立时间钱包意识,留意自己的时间支出。

☑ 提高预算时间的精度。

☑ 减少"用途不明时间"和"蒸发时间"。

通过『可视化』
从整体上把握时间

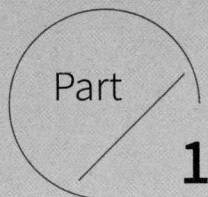

如果不把我们的时间分解为"生活时间""常规时间""自己的时间"，然后用数字对每一类时间中的每一项进行详细把握的话，我们就没法看清自己的现状，也就不知该从哪里着手来管理时间。

01 / 时间可以分成 3 份

我们每天的 24 小时，基本上由以下三类时间组成。

我们的时间：

☐ 生活时间（睡眠、吃饭、洗澡、排泄等生存必需的事情）。

☐ 常规时间（受社会公序良俗制约的时间，比如工作、家务事、接送孩子等）。

☐ 自己的时间（自由支配的时间、余暇等）。

学习时间的使用方法，为什么首先要从"时间可视化"入手？因为如果不把我们的时间分解为"生活时间""常规时间""自己的时间"，然后用数字对每一类时间中的每一项进行详细把握的话，我们就没法看清自己的现状，也就不知该从哪里着手来管理时间。

还拿金钱来举例，如果家庭中有一本每日消费账本的话，那么 1 个月的收支情况就可以一目了然。管理时间也是同样的道理。

但时间是看不见的东西，所以我们首先应该将它变成"可以看见的东西"。

　　顺便说一下，在平时的生活中，如果我们强烈感觉到"没时间"的话，那说明第三类"自己的时间"太少。典型的职业妈妈或职业爸爸，完全没有"自己的时间"。所以才会产生"我每天那么努力、那么忙碌，却没有任何满足感"的抱怨。

　　那么，我们的时间都花在哪儿了呢？

　　举例来说，假设我们一天的生活时间（睡觉、吃饭等）是12小时，常规时间（工作、通勤、接送孩子、做家务等）是10小时，自己的时间（做自己想做的事情）是2小时。那么，12+10+2=24小时。"时间钱包"中一天的24小时就这样被用完了。从理论上讲，这样的时间分配比例让我们有"自己的时间"，应该不会感觉"没时间"。但现实生活中，很少有人能将理论上的时间分配落实到生活中。

　　当初的我也想按照日程表计划好的时间过日子，但实际执行起来才发现，时间还是不够用。这令我百思不得其解。

　　时间和金钱一样，不知不觉就花完了。也正是从那时起，我决心将自己的时间可视化，想彻底查清自己的三类时间都花在了哪里，具体花了多少时间。

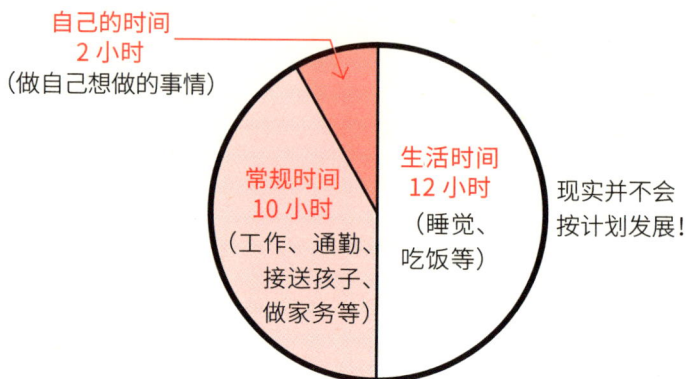

自己的时间
2 小时
（做自己想做的事情）

常规时间
10 小时
（工作、通勤、
接送孩子、
做家务等）

生活时间
12 小时
（睡觉、
吃饭等）

现实并不会
按计划发展！

接下来为大家介绍"时间可视化"的具体方法和技巧。从大的方面说，"时间可视化"有 3 种方法。

时间可视化的顺序：

① 使用"24 小时时间日志"将时间可视化（图 2）。

② 用便笺将时间细分化（图 3）。

③ 给自己使用过的时间打分（图 6）。

》》 1. 使用"24 小时时间日志"将时间可视化

使用时间日志的顺序：

① 准备纸张（也可以使用纵向的 24 小时时间记录本，或 Excel 软件）。

② 记录起床、就寝的时间，将睡眠时间全部涂黑（不能为节约时间而缩减睡眠时间）。

③ 将生活时间中所做的事情（吃饭、洗澡、排泄等）逐项记入时间日志。

④ 将常规时间中所做的事情（工作、通勤、接送孩子、照顾孩子等）逐项记入时间日志。

首先准备纸张，绘制 24 小时时间日志，也可以使用纵向的 24 小时时间记录本或 Excel 软件进行记录。分别在起床时间和就寝时间处各画一条波浪线作为分界线。

然后将睡眠时间全部涂黑。剩下的十多个小时就是装入"时间钱包"的"可使用时间"。

接着给生活时间（吃饭、洗澡、排泄等）涂色。这部分时间无法缩减，先将它们可视化。

接下来是给常规时间（工作、通勤、接送孩子、照顾孩子等）涂色。

最后再给自己的时间（自己可以支配的时间、余暇、享受兴趣爱好的时间等）涂色。

使用不同颜色区分不同类型的时间，可以让时间日志更加醒目、直观。拿我个人来说，我喜欢用黄色代表生活时间，用粉色代表常规时间，用绿色代表自己的时间。用彩色荧光笔涂色更容易区分。

近年来，随着智能手机的普及，也出现了一些时间日志类的 APP，大家也可以使用它们来管理自己的时间。

不过，我觉得手写日程表和便笺，对时间的可视化效果更好，

图2　**24 小时时间日志的例子**

	（星期一）		（星期二）		（星期三）
5					
6	5:30 洗漱、收晾干的衣服、准备早饭	6		6	
7	吃早饭 帮孩子穿衣服 洗脸、刷牙、上厕所				
8	上班+送孩子去幼儿园				
9	工作	9	工作	9	工作
10					
11					
12		12		12	
13	吃午饭				
14	工作		工作		工作
15		15		15	
16					
17					
18	下班+去幼儿园接孩子 为孩子第二天去幼儿园做准备	18		18	
19	吃晚饭				
20	饭后收拾、开洗衣机洗衣服 洗澡（包括给孩子洗）、 晾衣服				
21	哄孩子睡觉	21		21	
22	把剩余的家务处理完 完成幼儿园留给家长的作业		做从公司带回来的工作		网上下单买菜 买生活日用品
23	做伸展运动（放松身心，酝酿睡意）		↓		↓　读书
0		0		0	
3		3		3	

▨ …生活时间　　▨ …常规时间　　▢ …自己的时间

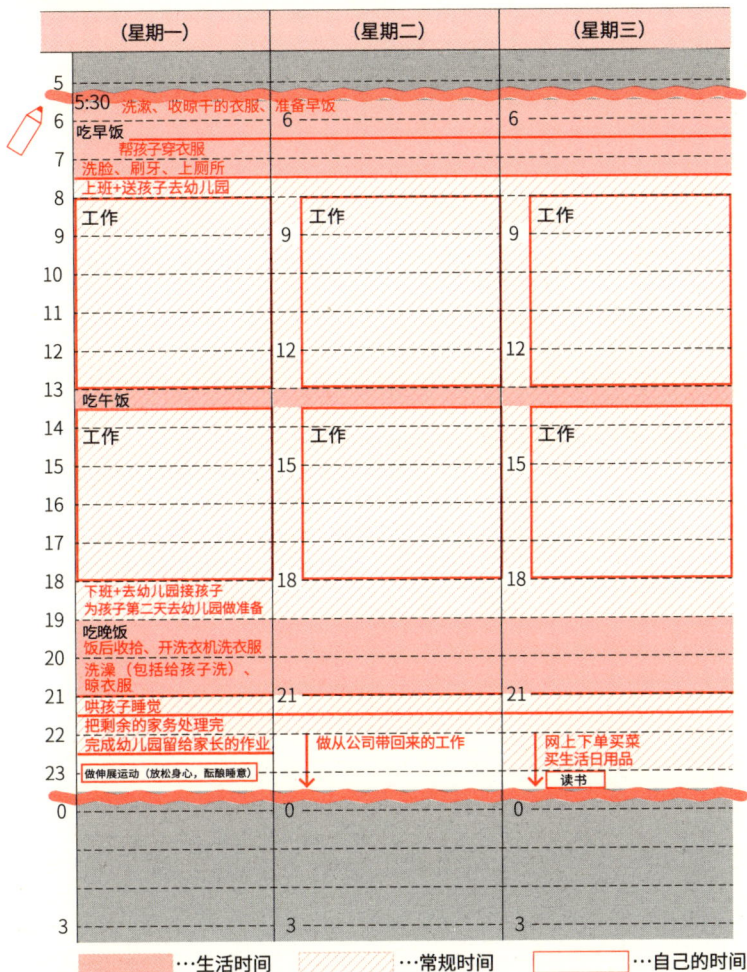

这是我生了二儿子之后恢复上班时的时间日志。首先将一天的时间分为生活时间、常规时间和自己的时间三部分，以便从整体上把握自己的时间。三类时间用不同的颜色表示，一目了然。

这一点要优于手机 APP。

>>> 2. 用便笺将时间细分化

　　按三大类记录时间日志 3 天之后，就可以使用便笺对时间进行细分记录了（使用贴便笺的方式，便于以后进行时间分类时做调整）。生活时间、常规时间、自己的时间都可以使用便笺进行细分化的记录，但我建议大家首先从常规时间开始。因为常规时间是我们清醒时做事时间最长的时间段，也是预算时间和实际使用时间最容易发生偏差的时间段。

　　我最初使用便笺细分时间的时候，是从常规时间中的工作时间着手的。所以图 3 的例子就是我对工作时间的细分记录。读者朋友在用便笺做细分记录的时候，可以从"起床到上班前"这段时间开始细分记录，这样入门门槛要低一些，等您熟练之后，再对其他时段进行细分记录。

　　假设每天上午 9 点到下午 6 点都在公司的话，那么这段工作时间我们具体做了哪项工作、每项工作花了多少时间，都应该记录在便笺上。比如，上午一到公司，先花 30 分钟回复电子邮件，然后开会 90 分钟。下午 2 点开始用 30 分钟在开会前确认会议资料，3 点开始开会 90 分钟……记录的时间不用精确到秒，重要

图3 　使用便笺对时间进行细分记录

	（星期一）	（星期二）	（星期三）
5			
6		6	6
7			
8	回复邮件　　　　30 分钟	回复邮件　　　　30 分钟	回复邮件　　　　30 分钟
9	每周初做工作计划 90 分钟（超时30分钟）	给客户打电话谈业务 30 分钟	提交数据和查阅资料　　　　　60 分钟
10		制作资料收尾　　60 分钟	
11	和同事讨论工作事宜 30 分钟	就项目管理问题和上司进行探讨	项目团队的学习会 90 分钟
12	制作下个月的　　60 分钟PPT资料	60 分钟↓90 分钟	补齐不足的资料 30 分钟精算费用　　　　30 分钟
13	吃午饭		
14	开会前确认会议使用的资料 30 分钟	路上移动　　　　30 分钟	制作提交给客户的资料（下周用） 60 分钟
15	开会（超时30分钟） 90 分钟	和上司一同拜访客户　　　 90 分钟	与其他部门同事商讨合同事宜（超时30分钟） 90 分钟
16	制作会议记录　　30 分钟	路上移动　　　　30 分钟	
17	回复邮件+数据保存 30 分钟	按要求提供数据（45分钟完成） 60 分钟	回复邮件、打电话 60 分钟
18		回复邮件+数据保存 30 分钟	
19	吃晚饭		
20			
21		21	21
22			
23			
0		0	0
3		3	3

将业务内容与耗时写在便笺上，贴在时间日志中。这样做可以从整体上把握工作内容和时间，也可以发现时间空隙。

的是把实际使用的时间记录下来。

通过这种方法将时间可视化，我们可以发现很多问题。比如，"咦，这 30 分钟我干什么了？"可能发现空白时间。

我嘴上常说"太忙！没时间！"，却发现有 30 分钟的空白时间，自己完全想不起那段时间干了些什么。像这种不知自己做了些什么的时间就是"用途不明时间"。

于是我开始自我反省，"在拼命寻找省时小妙招之前，不如先找出自己的用途不明时间，这样可能会节约更多的时间……"

用途不明时间比较多的朋友，请看下一页的图 4，这幅图显示的是一天之中自己手机的亮屏时间。智能手机一般都自带屏幕时间管理软件，通过这个软件我们可以清晰地看到自己一天看了多长时间的手机。

把时间日志和手机的屏幕时间管理软件进行比较，可以看出我们无意识之间把手伸向手机的时间。

屏幕时间管理软件不会撒谎。经常使用电脑或平板电脑的人，也可以通过屏幕时间管理软件了解自己使用它们的时间（Mac 中有屏幕时间管理，Windows 中有 ManicTime，等等，

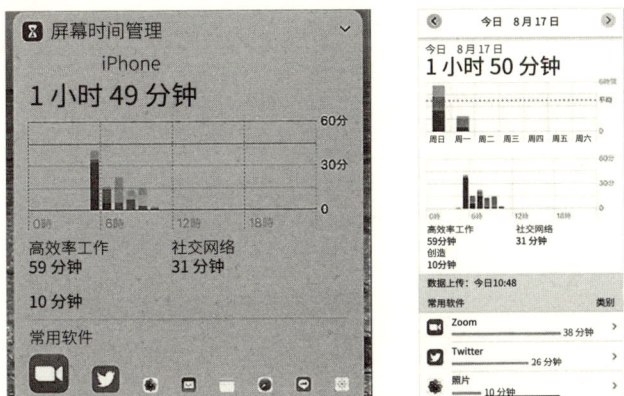

图 4   通过手机的屏幕时间管理软件来检查自己的用途不明时间

手机的屏幕时间管理软件可以将我们使用手机的时间可视化。我们虽然也知道每天被手机夺去很多时间，但只有看到数字时，才会真正感受到手机的"威力"。

不同系统都有各自的屏幕时间管理软件）。通过这些软件，我们可以清楚地看到自己使用它们的时长、时间段、看的内容。很多朋友都知道自己平时看手机的时间太长，也想改变这样的现状，可是，不看到实际数字的话，就很难产生危机感。这就是数字和可视化的力量。

通过对比，如果发现时间日志中没有记录使用手机的时间，就应该把这段时间追加记录进去。据我了解，用途不明时间很多的朋友中，很多人都遗漏了玩手机的时间。千万不能小视玩手机的时间，一定要把它们都找出来、记录下来。

空白时间很可能是"超预算时间"

到这里，我们用时间日志记录了时间，又用便笺记录了所做事项和所用的大体时间。可以说，时间已经基本可视化了。结果我发现一个问题，早晨回复邮件之后，出现了30分钟的空白时间。一开始我认为这段空白时间是"用途不明时间"，但后来发现，这是我回复邮件所用的时间超出了自己的预算时间。也就是说，这段空白时间是"超预算时间"。

随后的几天里，我用秒表测了自己早晨回复邮件的时间，结果发现，大多数时候会超过30分钟。我又把回复邮件这项工作进行了细分，分别测了阅读理解邮件内容的时间、写回复邮件的时间、为回复邮件查资料的时间（图5）。

这样一来，花了多少时间读邮件，又花了多少时间写邮件，就一目了然了。

和"用途不明时间"一样，把"超预算时间"可视化，也是非常重要的。

在实践日程表中，如果发现在一项工作之后有空白时间的话，那很可能是因为实际使用时间比预算的时间要长，也就是出现了"超预算时间"。

除此之外，对于那些没有"超预算时间"的工作项目，我们

图 5 **发现超预算时间**

回复邮件是 30 分钟，可其后的 30 分钟自己还坐在办公桌旁，这段时间自己做了些什么呢？

8	回复邮件　　30 分钟			回复邮件　　30 分钟			回复邮件
9			9	给客户打电话谈业务　30 分钟		9	提交数据和查阅资料
10	每周初做工作计划 90 分钟（超时30分钟）			制作资料收尾　　60 分钟			
11	和同事讨论工作事宜 30 分钟			就项目管理问题和上司进行探讨　　60 分钟↓90 分钟			项目团队的学习会
12	制作下个月的PPT资料　　60 分钟		12			12	补齐不足的资料
13	吃午饭						精算费用
14				路上移动　　30 分钟			

细分化

回复邮件　30 分钟
↓
用秒表测每个步骤的用时

- ☑ 阅读邮件（31 封）　　10 分钟
- ☑ 回复邮件（10 封）　　18 分钟
- ☑ 为回复邮件查阅资料　　15 分钟
- ☑ 回复邮件（6 封）　　6 分钟

00:00

49 分钟

超时 19 分钟

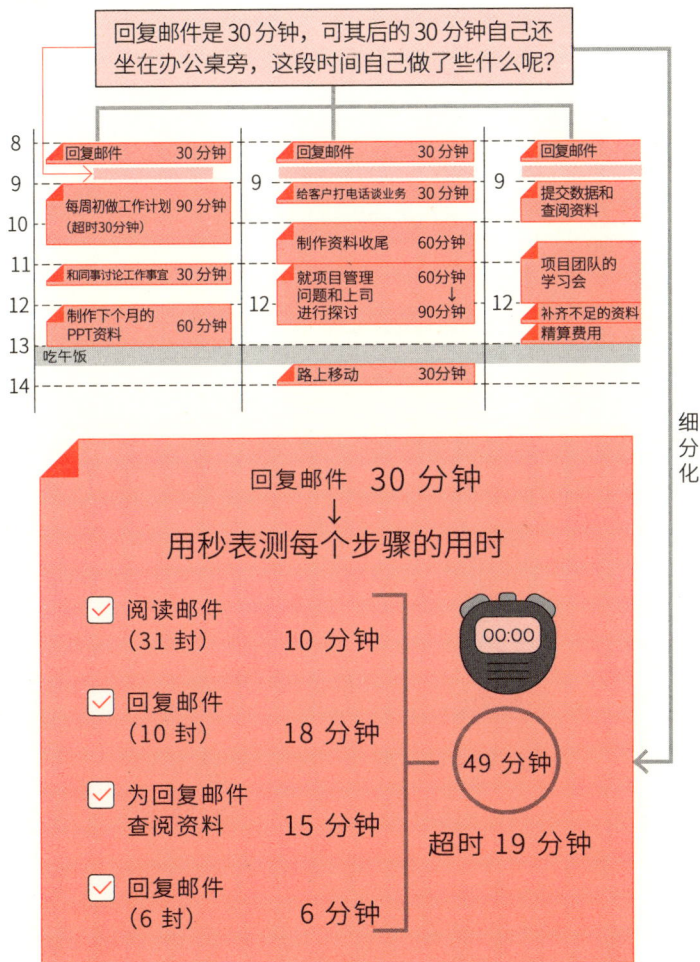

便笺上记录的每个工作项目，都要用秒表测一下实际使用时间。这样就可以发现比想象中用时更多的项目。这样做看起来非常麻烦，但实际试一下您就会发现，意外地轻松。而且可以发现"自己不擅长的项目"等于"耗时长的项目"。

同样可以将其分解成若干步骤，用秒表测算每个步骤所用的时间，这样可以发现容易超时的步骤。

我们以打扫房间为例，假设有擦家具、洗地毯、拖地板等步骤。在打扫的过程中，用秒表测每个步骤的耗时。

原本以为擦家具只需要 5 分钟，结果却花了 13 分钟。

用秒表测扫除时间，最终的结果是整个扫除时间超出预计的时间了。开始扫除之后，我发现这里要擦，那里也要扫，每个角落都不想放过，所以整体超时。也就是说，我做过头了。

发现这种情况之后，我做的不是想办法缩短扫除时间，而是用了以下两个方法："固定扫除的日期"和"使用扫地机器人或请保洁人员"。

时间超预算的原因在于，实际使用的时间比自己感觉的时间长。这一点在后面讲时间减法的时候还会详细讲解。

扫除超时的具体原因可能是"我不太擅长打扫卫生""扫除流程过于复杂""我是一个完美主义者（及格线设置得太高）"等。我的对策就是强制设置一个"不做"的时间，比如"每周除了周日，绝对不做大扫除"，或者"将扫除工作外包给专业保洁人员"。

≫ 3. 给自己使用过的时间打分

对时间进行细分之后，下一步要做的就是对时间的使用情况进行评价。评价的指标叫作时间效能，即相对于使用的时间，获得了什么成果。由此来判定时间的使用情况。

简单地说就是"这段时间是否令自己满意"。我用○△×（分别代表好、中、差）三种符号进行评价。

举例来说，假设我每天的通勤时间为30分钟。这"30分钟的价值"肯定因人而异。比如一个人要求自己利用通勤时间学英语，那么，"在上下班路上的30分钟里背诵了30个新单词"的话，对他来说，通勤时间的使用效果就是○。

但是，如果有个人认为"上班的路上好烦啊，真想快一点到公司"，于是他在地铁里一直玩手机游戏打发时间，那么他这段时间的使用效果就应该是×。不过，虽然同样是玩手机游戏，但如果他想"我利用这30分钟玩玩游戏，消除精神压力"，那么他玩游戏的30分钟的使用效果，就可以评价为○。

所以，对时间使用效果的评价到底是○、△还是×，标准只在个人心里。请大家根据自己的实际情况制定自己的评价标准，

图6　给自己使用过的时间打分

把晾干的衣服叠起来	10 分钟	× （叠衣服有什么意义呢？不知道）
保养皮肤、化妆	10 分钟	△ （皮肤状况可以反映健康状况，给个△吧）
准备早饭	10 分钟	× （每天都得做的事……没有满足感）
给孩子穿衣服，做好去幼儿园的准备	30 分钟	× （孩子每天早晨起床都有"起床气"，给他穿衣服真麻烦）
送孩子去幼儿园		○ （可以和孩子聊聊天，交流交流）
通勤（读书）		○ （唯一放松的时间段！）
回复邮件	30 分钟	× （总是超时）
每周初做工作计划（超时30分钟）	90 分钟	× （把握不好时间，而且容易走神）
和同事讨论工作事宜	30 分钟	○ （能听到一些职场上的经验之谈，很好）
制作下个月的PPT资料	60 分钟	△ （提前做好一点，所以这个月就做了）
开会前确认会议使用的资料	30 分钟	○ （开会前把资料确认好，开会就会轻松一些）
开会（超时30分钟）	90 分钟	× （部长总在中途插进不相关的话题，还得迎合他，很烦躁）
制作会议记录（超时30分钟）	90 分钟	× （谁会看这会议记录呢？）
回复邮件+数据保存	30 分钟	○ （把数据保存在云端数据库，即使孩子突然生病，也不会影响我工作）
回家（查看社交软件）	30 分钟	○ （可以看到朋友的动态，一天中唯一的私人社交时间）
去幼儿园接孩子	15 分钟	△ （为了孩子嘛）
为孩子明天上幼儿园做准备		○ （今天做了，明天就轻松一点）
准备晚饭	15 分钟	× （不能再缩短一点时间吗？反正我做的也不好吃）
饭后收拾	15 分钟	× （让孩子等我，有点担心）
把洗好的衣服晾起来	15 分钟	△ （我没那么讨厌晾衣服，但孩子在一旁捣乱，烦躁）
就寝	30 分钟	× （在黑暗中闭着眼睛躺 30 分钟！好烦）

对便笺中的每一项事情打分。在○△×的后面再写上详细的评价。

然后对自己使用过的时间进行评价。

如果评价都是○的话，说明这个人对自己的时间使用效果很满意，这种人虽然每天很忙，但也会感觉很充实。

不过，也有的朋友虽然○很多，却属于忙得"脚后跟踢后脑勺"那种，根本没有闲暇时间。这样的人一般是做事的"量"过多了，很可能属于冲动型的性格。因为冲动，只要是自己感兴趣的事他们都会去做，结果搞得自己疲惫不堪。我建议这样的朋友认真思考一下哪些事是自己应该做的，而哪些事是不必做的，把注意力集中到该做的事上。

△多的人，是对自己的时间使用方法感到迷茫的人。他们知道自己的时间使用方法有需要改善的地方，也想更加高效地利用时间，但他们没有改变的自信。换句话说，这样的人对"选择自己的生活方式和行为"缺乏自信。

这样的朋友，只要在时间使用方法中进行一些简单的"减法或加法"计算，就能得到更多的○。只要记录时间日志，这样的朋友马上就能找到适合自己的时间使用方法。

自我评价都是×的人，肯定感觉每天这也做不好，那也做不好，为此感到疲惫不堪。而且，他们多半觉得自己每天做的事情不能给自己带来幸福，也不能让自己获得成长。

其实，这种人多半是完美主义者。他们给自己设定的及格线太高了，所以很难给自己〇的评价。

另外，这种人比较的对象多是自己过去优秀的状态（每天可以自由支配全部时间时的自己）或者周围优秀的人（和他人进行比较）。

这种人将自己的时间可视化之后，会更加关注"自己做得不好的地方或时段"，并为此感到懊恼不已。我最初也属于这种类型的人。

我觉得这样的朋友有必要调整一下自己的评价标准。首先不要和别人进行比较，然后对自己宽容一点，让自己对自己感到满意的〇多一些（这一点将在第三章讲时间减法的时候详细讲解）。

不清楚把时间用在了哪里的人，也不清楚自己的行为

　　将自己的时间可视化之后，我们能看清的不仅仅有自己使用时间的方法，还能看清"自己的行为"。换句话说，时间的使用方法就代表了一个人的行为，也可以说时间的使用方法就是一个人的生活方式本身。

　　我们所拥有的时间是有限的。一天 24 小时、一周 168 小时，是固定不变的。而且所有人拥有的时间都是一样的，大人、孩子、有钱人、穷人、忙碌的人、悠闲的人……谁也不可能增加时间或减少时间，既不可能存储时间，也不可能把自己的时间让给别人，更不可能抢夺别人的时间给自己用。

　　正是"现在"这个瞬间的不断累积，才形成了我们的一小时、一天、一年，乃至整个人生。

　　可能有朋友会说，这个道理谁不知道啊！但是，当我们将自己的时间可视化之后，才真正深刻地理解这个道理。那些不知所为的"蒸发时间"是自己选择的结果，被各种事情追着跑，忙得

喘不过气来的生活也是自己决定的结果。

在我每天的生活中，手机一来通知我就赶快去看；嘴上喊着忙死了，手上却在慢悠悠地回复邮件；心里想着"这份文件有必要写吗？"，却把它带回家当作今晚加班的工作；洗碗的时候孩子跟我说话，我以家务没做完为借口对孩子敷衍搪塞……这些时间的使用方法都是我自己选的。

这些瞬间都不过是"很小的点"，但小点积累起来就连成了线，也就形成了我们的生活方式和人生。

使用时间的方法就是人生本身，它代表一个人的生活方式和价值观。

我经常是嘴上说着"忙死啦！都没有自己的时间"，却把一天中清醒时间的大部分都分配给了"常规时间（工作、家务、蒸发时间等）"，没有办法做自己喜欢的事，没有办法高质量地陪伴孩子，没有办法和丈夫进行有效沟通。结果我发现，让我过这种生活的，不是别人，而是我自己。这是令人悲伤、痛苦的。

诺贝尔和平奖获得者特蕾莎修女曾有一段经典论述：
请注意你的思考，因为它会变成你的语言；
请注意你的语言，因为它会变成你的行为；
请注意你的行为，因为它会变成你的习惯；

请注意你的习惯，因为它会变成你的性格；

请注意你的性格，因为它会变成你的命运。

如果把这一论述套用到我的时间管理术中，"思考"是"决定如何使用时间的价值观和判断标准"，"语言"是"将计划的时间写进日程表"。随后，计划会变成行为……最终形成我们的"命运"。人生就是这样一个过程。

04 可视化可以提高时间效能

通过记录时间日志，我们找到了自己的蒸发时间，也可以看出自己预算时间的偏差。再通过给用过的时间打分，"自己使用时间的方法"就趋于清晰了。

通过上述操作，我们还能发现一些问题。比如，自己不擅长的事情，做起来会比想象中花更多的时间；再比如，同一项工作，上午做和下午做所花的时间可能有很大的差别。

为什么会出现这种情况呢？因为使用时间的方法和"专注力、思考能力"存在紧密联系。

以前，我经常把工作带回家，晚上在家里加班做。但我发现，同样的工作，晚上做和早晨做，所花的时间相差巨大。晚上做的话，投入的时间是早晨的 1.5 倍以上。

通过检查时间日志，我提出疑问："咦，为什么晚上做，要花更多的时间？"从此，我再也不把工作带回家做了。晚上做，投入的时间多，工作效率低。我尽量把那些需要专注力和思考能力的工作在上午做完。晚上实在要加班的话，也只做一些不需要太强思考能力的事务性工作，比如数据输入之类的。像这样，通过调整不同时段的工作内容，选择符合人生理规律的工作项目，最大限度地提高工作效率，这也是对时间使用方法的一种优化。

通过记录时间日志，可以看清哪些是需要"专注力和思考能力"的工作，然后通过合理规划，在合适的时间段做合适的工作，就可以最大限度地提高自己的时间效能（单位时间的生产性）。

05 / 可视化可以增强自我肯定感

给自己使用过的时间打分之后，其中评分为○的时间，就是我们对自己表示认可、肯定的时间。

总感觉时间不够用的人，大多也是在日常生活中很少"积极地承认自己、表扬自己"的人。他们总是把目光放在自己做得不好的地方、不足的地方，长期处于缺乏自我肯定、自尊低下的状态。

但是，通过将自己的时间可视化，人就可能发现"啊，一天之中画○的时间竟然有这么多""我也不是一无是处嘛"，从而找到自己值得肯定、值得表扬的地方。

我在将自己的时间可视化之前，也经常觉得自己什么事也做不好，所以消极的情绪一直纠缠着我。自己明明已经非常努力了，可还是不行，这种落差更令人沮丧。但把时间可视化之后，我就发现了自己的部分闪光点，比如"我可以在规定时间内把文件整理好""洗衣服也不会超时""每天都能保证高质量陪伴孩子15分钟"等。原来在一天的生活中，我也有很多事情做得不错。

知道自己可以做好一些事情之后，虽然时间依然不够用，但发现了身上的一些闪光点，让自己的生活态度变得积极了很多。

　　其实我每天做的事情没有任何改变，只是将自己的时间可视化了，结果就大大增强了自我肯定感。

06

当可视化进行得不顺利的时候，
应该检讨自己的行为和冲动

将自己的时间可视化之后，可能有朋友反而会感觉失落。比如，抱怨说："看清自己根本没时间做喜欢的事情，更难过了。""原来每天留给自己的时间那么少，情绪很低落。"

确实，将自己的时间可视化，同时也将"没有自己的时间"的事实看得更清楚了。

这个时候，我建议您将自己想做的事情分为"行为"和"冲动"两方面来看。

想必大家都听说过"冲动消费"这个词。比如有位男士打算买一条领带，于是他去逛商场。可是，禁不住店员的游说，他没买领带，而是买了一件衬衣，这就是冲动消费。偶尔冲动一次也不要紧，但经常冲动消费的话，恐怕攒不下钱（因为日后肯定还是要买领带的）。而且，衣柜里还会多出很多计划外的衣服。

时间也是一样。看到某件事情有趣，感到好奇，就打破原来的时间安排冲动地去做了。用掉的这段时间就是"冲动时间"。"冲动时间"多了，"时间钱包"里的可用时间就少了。

冲动时间的具体例子：

☐ 在社交软件上看到某个学习会的介绍，感觉挺有意思，马上就报了名。

☐ 某美容院推出免费皮肤检查，受免费的诱惑，就去检查了。

☐ 觉得考取某种职业资格证有备无患，就开始学习了。

☐ 朋友说今天晚上的聚会会带一个有趣的朋友给大家认识，出于好奇就去了。

与上面的例子类似，很多事情都是表面看上去有用，至少有比没有强，所以很多人头脑一热，就去做了。但是仔细想一想，对"时间本就不够用"的我们来说，这些事真的非做不可吗？

我直接说我的看法，其实，不做这些事也不会给我们的人生带来什么不便，而且，对"时间不够用"的我们来说，最先应该杜绝的就是为那些"有总比没有强"的事情花时间。

在这个世界上，"做一下也无妨的事情"有无数种。如果我们拥有无限时间的话，那么把所有事情都做一下试试也无妨。可我们并非拥有无限的时间，相反，每个人的时间都不充裕。因此，如果一冲动，真去尝试了一下，那么我们就没有时间去做真正想做的事情了。

不过，这也是自己选择的生活方式。好奇心强的人总想尝试快乐的事情、有趣的事情、似乎能学到新知识的事情，所以他们也会感觉"不管有多少时间都不够用"。当您发现自己也遇到类似情况的时候，我建议您先思考一下：

"这真的是我现在应该做的事情吗？"

如果因为冲动把时间花在了不必要的事情上，那么一瞬间您就会感觉自己的时间不够用了。

人生是守恒的。得到某种东西，就必须付出相应的代价。

"想做的事情实在太多。"有这种想法的朋友，不妨反省一下自己的行为，看其中是不是掺杂了很多冲动。

使用时间的方法，就是人生本身。

将自己的时间可视化，也就能看清自己的人生。

第一章总结

- ☑ 把自己现在一天 24 小时的使用方法彻底查清楚。

- ☑ 将一天 24 小时分解为"生活时间""常规时间"和"自己的时间"。

- ☑ 把握自己每天都为什么事情花了多少时间。

- ☑ 为自己的行为和使用的时间打分。

- ☑ 找出自己真正应该做的事情。

提高时间效能的方法

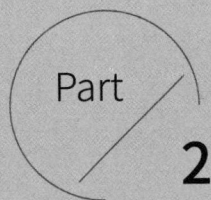

所谓时间效能，是指花费的时间所取得的"成果、评价、自我满足度、来自别人的感谢之情"等，包括无法用具体数字来衡量的指标。……我们每天的时间大体上可以分为两类，一类是自己可以控制的时间，另一类是自己不可控的时间。……我们姑且抛开不可控时间，把关注的焦点放在自己可控的时间上。

01 / 提高使用时间的质量

将自己的时间可视化之后，我们可以看清自己使用时间的"量"，那么接下来我们要考虑的问题就是使用时间的"质"。

提高使用时间的质量，就要涉及一个名词——时间效能。

所谓时间效能，是指花费的时间所取得的"成果、评价、自我满足度、来自别人的感谢之情"等，包括无法用具体数字来衡量的指标。

我是什么时候意识到时间效能的重要性的呢？当我发现"即使在公司中花更多的时间工作，也没法得到相应的结果（评价）"时，我意识到，与花费的时间长短相比，时间效能更加重要。

另外，以前我做晚饭要花 30 分钟的时间，结果丈夫的评价还常是"味道一般，种类也不太丰富……"。于是我就想："那还不如只花 15 分钟，做个猪肉汤，再加一个纳豆拌饭。"（以前，做饭时我要考虑营养搭配要合理，吃完还得容易收拾，还要考虑孩子挑食的问题……结果费了半天劲做出来的饭菜获得的评价却很一般。那种落差给我的打击是很大的。所以在综合考虑之下，我决定只花 15 分钟做简单的饭菜。）

通过将自己的时间可视化，我们可以看清自己使用时间的效能，即收获的成果和自己获得的满足感，从而对时间的评价更准确。

》》 1. 重要的工作应安排在"黄金时间"

请看图 7 中的两个时间表 A 和 B。这两个时间表中的工作内容、所用时间完全相同，只是不同的工作被安排在了不同的时间段。

A 和 B，您觉得哪种时间安排可以更好地发挥时间效能？

正确答案是 B（图 8）。

一个生理前提是，人的专注力、思考能力在起床之后会随着时间的推移逐渐减弱。

根据科学研究，对人脑来说，一天之中生产性最高的"黄金时间"是起床后的 3~4 小时。

从图 7 一天的工作日程来看，最重要的工作应该是"与客户进行谈判"。所以这项工作应该尽量安排在上午进行。

先看时间表 A，上午安排的是"精算经费""团队内部讨论""制

哪种时间安排可以更好地发挥时间效能？

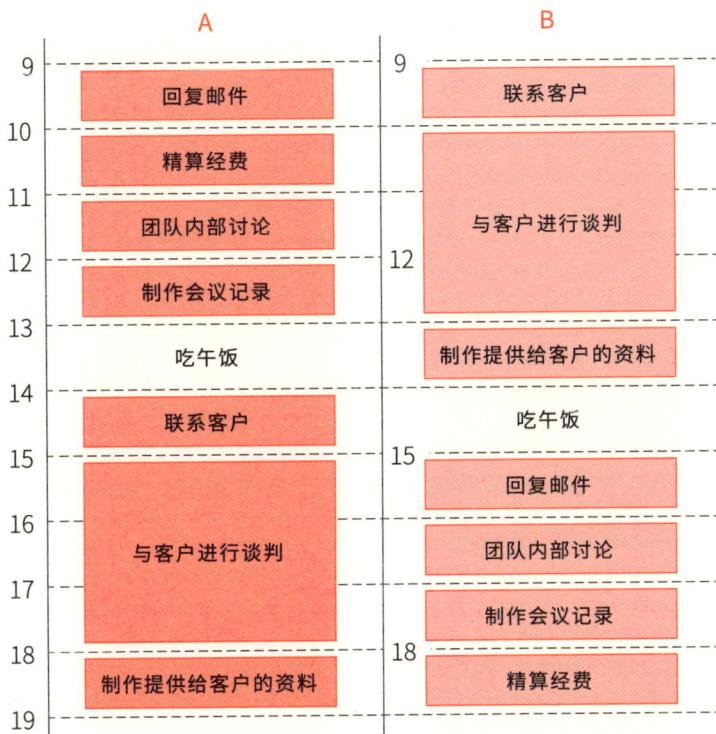

A	B
9	**9**
回复邮件	联系客户
10	
精算经费	
11	与客户进行谈判
团队内部讨论	
12	**12**
制作会议记录	
13	制作提供给客户的资料
吃午饭	
14	吃午饭
联系客户	**15**
15	回复邮件
与客户进行谈判	**16**
16	团队内部讨论
17	制作会议记录
	18
18	精算经费
制作提供给客户的资料	
19	

两个时间表中的工作内容是一样的，只是各项工作安排的时间段不同。那么您觉得哪种时间安排的工作效率会更高一些呢？

作会议记录"等对专注力和思考能力要求不高的工作。而"制作提供给客户的资料"也是一项比较重要的工作，时间表 A 却安排在下午下班前的时间来做，这也是不合适的。因为临下班时，人的注意力已经不太集中，再加上归心似箭，很容易出错。

| 图8 | 调整时间表，更好地发挥时间效能 |

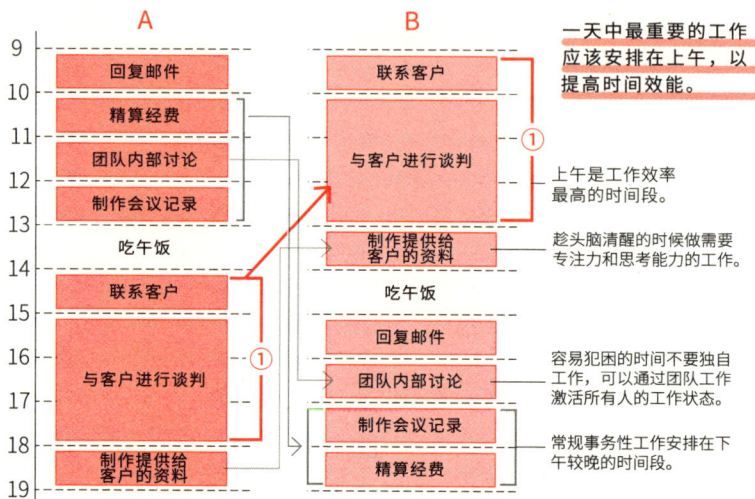

根据工作效率的高低和工作内容的重要性，安排一天的工作日程。

　　当然，和客户商谈，还要看对方的时间安排，不可能全按我们的意图安排在上午。但是，需要专注力和思考能力的重要工作，应该尽量安排在上午，以便更高效地完成，也可以取得更好的效果。

　　再看时间表 B，在注意力容易分散的下午，安排了"团队内部讨论"，这是一个非常聪明的安排。因为这个时间段一个人单独工作的话容易犯困，而团队进行讨论的话，可以调动人的五感，让人活跃起来。下午安排团队工作，不仅可以激活自己，对其他团队成员也有同样的激发作用。如果团队内部会议每天都在固定时间举行的话，建议安排在下午。

》》 2. "瞬间视线"和"连接视线"

在第一章的末尾我讲过，自己使用过的时间要分成"行为"和"冲动"两方面来看。为"冲动"使用的时间，大多是单纯的时间消费，不会对将来有所帮助，而且，总是被"冲动"支配的话，用于真正想做的"行为"的时间就没有了。

我们使用的时间，到底是为"冲动"买了单，还是用于了真正对未来有意义的"行为"？要看透这个问题，就涉及"瞬间视线"和"连接视线"两个概念。

"现在的自己和未来的自己有多大的联系？"这叫作"自我连续性"，是值得每个人思考的问题。

为了将来的自己，现在的自己应该做些什么？思考这个问题对我们的人生非常重要。所以，是否拥有"瞬间视线"和"连接视线"将对"自我连续性"产生很大的影响。

对于我们使用的时间，不仅要用"瞬间视线"来看，还要用"连接视线"来审视，这样才能有效提高我们使用时间的质量。

举个例子，谁都知道每天"规律作息、健康饮食、适当运动、加强学习"将对自己的未来有很大的好处。

但是，很少有人能够做到每天"规律作息、健康饮食、适当运动、加强学习"。即使能做几天，也难以长期坚持。

为什么会这样？因为用"瞬间视线"来看的话，每天买健康食材做健康料理，非常麻烦；运动也不如躺在沙发里喝饮料、看电视来得舒服；早起读书更是一件痛苦的事情⋯⋯

但如果能认识到，当前的"瞬间"不断累积便会形成我们的未来，那么我们就可以做到"为了健康晚上忍住不吃夜宵""只有一站路，走过去算了""为了明早起来学习，今晚早点睡"⋯⋯也就是说，将时间花在"对未来有益的行为"上。

这些事情看似简单，坚持下来却不容易。能够坚持下来的人和不能坚持的人相比，其实差异都在认识上，即是否认识到现在"瞬间"的积累将影响自己的"未来"。换句话说，对"自我连续性"的认识是否深刻。

2009 年美国斯坦福大学的研究人员通过实验得到一个结论：能够清晰认识到"自我连续性"的人，在做事情的时候，不容易犯"拖延症"。

图9	3 只眼

	早晨 5 点起床	练瑜伽
1 天后的眼睛	早起，获得了 1 小时的 自我时间， 很开心。	练瑜伽有助于 身体健康， 还获得了1小时的 自我时间。
1 年后的眼睛	每天早起 1 小时， 1 年就减少了 365 小时的睡眠， 白天头昏脑涨。	因为每周练瑜伽， 体重没有增加， 精神状态也很好。
10 年后的眼睛	早晨 5 点起床没法坚持。 早起后也不知道该做什么， 为了早起还不得不早睡。	因为坚持练瑜伽， 45 岁以后 体形也没有太大变化。

通过 3 只眼睛审视现在所花的时间在未来给自己带来的满足感，将心中所想用语言表达出来，就可以判断自己能否坚持下去了。

话虽如此，但还是有很多朋友会说："道理我都懂，但就是做不到。"

其实我也不能完全做到。为了挤出更多的自我时间，心想明早 5 点起床，结果第二天 5 点时把闹钟关了接着睡。又计划每天利用通勤时间学英语，结果也没坚持几天，因为我更喜欢坐地铁的时候读闲书。

那么，如何让人深切感受到现在的瞬间与未来紧密联系呢?

如何让人产生"自我连续性"呢？关键是要具有 1 天后、1 年后、10 年后的"3 只眼睛"。用这 3 只眼睛问自己"现在我花的这段时间，在 1 天之后能让我得到什么样的满足感？ 1 年之后呢？10 年之后呢？"

拿我个人来说， "早晨 5 点起床"的计划没有坚持下来，但"练瑜伽"成功坚持了下来，图 9 是我用 3 只眼睛判断自己能否坚持的过程。

"早晨 5 点起床"，用 1 天后的眼睛，即"瞬间"来看的话，貌似可以提高自己的时间效能，但用 1 年后、10 年后的眼睛来看，恐怕就不是这样了。首先，10 年后早晨起那么早，"该做点什么"变成了一个无法明确的问题。这样的话，就难以坚持。

反之，我已经坚持了十多年的瑜伽练习，再用 10 年后的眼睛来看，也可以找到很多积极的因素，所以还能继续坚持下去。

总而言之，使用 3 只眼睛认真思考未来可能发生的情况，可以帮我们判断一件事情能否长期坚持做下去。

我现在所做的工作，对于 1 年后的项目将有很大帮助，10 年后会是我的重要工作经验之一。今天我买的基金，1 年后会产生多少收益？ 10 年后本金和收益将作为孩子的教育经费使用。像这样，我们应该将"瞬间"与"未来"连接起来审视自己"使用时间的方法"。

　　我们容易陷入每天都被"该做的事"追着跑的窘迫状态。但那些事真的是"该做的事"吗？将时间可视化之后，再从整体上审视这些事情，您会发现其中很多并不是"该做的事"。

　　现在，您真正"该做的事"是那些符合自我连续性、对未来有益的事情。您的时间也应该花在这些事上。如何看清、选择这些事情，那就要发挥"3只眼睛"的力量了。

提高时间效能也是有技巧的，接下来就为您介绍 6 个提高时间效能的技巧。

>>> 1. 建立一套不依赖意志的体制

我们每天的时间大体上可以分为两类，一类是自己可以控制的时间，另一类是自己不可控的时间。

自己不可控的时间，多半是与他人有关联的时间或者受制于他人的时间。比如，开会、小组讨论等时间就是工作中的不可控时间。而且，不可控时间非常多。在这样的时间里，我们自己没有办法决定时间的长短和使用方法。所以，我们姑且抛开不可控时间，把关注的焦点放在自己可控的时间上。

一提到控制自己的时间，可能很多朋友会想到"意志力"，因为他们觉得控制需要意志力，但其实不然。能够将自己的时间发挥出高效能的人，不会依靠"自己坚强的意志力"，而是要制定一套"制度"，用制度来控制自己的时间。

前面我们比较过 A、B 两个工作时间表，我建议大家把需要专注力和思考能力的重要工作放在上午做，把不太需要专注力和思考能力的事务性工作放在下午做。这种日程安排就是一种"制度"，可以让我们不靠意志力来控制自己的时间。在其他时间安排上，同样可以应用这个技巧，以防止因时间安排不妥而造成的效率低下。

防止时间安排失误的策略：

☐ 管理时间表不要依赖头脑的记忆，应该使用手机的闹钟或记事本提醒功能（如果靠记忆，心里总惦记着下一项工作什么时候开始，就会分散注意力。如果用笔记本，还要反复翻阅，浪费时间。有了手机的自动提醒功能，我们可以把注意力全部集中到工作上）。

☐ 为了维持较高的专注力，使用番茄工作法（每工作 25 分钟休息 5 分钟）。

☐ 不要同时做多项工作（尤其是喜欢在电脑桌面同时开好几个文件的朋友，要注意了）。在各项工作之间进行切换，头脑是需要花时间反应的，因此同时做几项工作，反而更费时间。

正因为是自己能控制的时间，所以更不应该依赖意志力，而应建立一套流畅的制度，让自己自然而然地高效使用这段时间。

有制度在，还可以有效防止拖延症。

如果靠意志力"强迫"自己做事情的话，那么随着时间的推移，意志力会越来越薄弱。到最后，剩下没做完的工作很可能就会被我们拖延到以后再做。比如，早晨上班时意气风发地说："好嘞！今天我要做完 5 项工作！"可到快下班时还剩一项没做完，这时人的心里可能就开始打退堂鼓了："算了，明天再做吧。"

总而言之，我们不要高估了自己的意志力。在充分理解自己的意志力不够坚强的同时，要为自己建立一套完善的时间使用制度，用制度代替意志力，才能将时间发挥出更高的效能。

>>> 2. 每天的常规时间，设计得越简单越好

每天的常规时间，设计得越简单越好。这里所说的"简单"是指"不需要刻意努力，不用勉强自己"。

举个例子，我们在网上购物的时候，发现一件心仪的商品，"好嘞！就买它了！"正准备下单，可是发现网页上没有注明结算方法，可以使用的信用卡种类也很少，运费也没写清楚……

这时，我们就容易丧失购买欲望。为了防止因为这种情况而流失顾客，最近的电商网站都会在页面把各种购物流程简化，并且标注得非常简单明了，结算方式也清晰明了。

我们在提高时间效能的时候，也要借鉴电商网站的做法，把

每天常规时间（工作、家务等）的安排尽量设计得简单明了，不要人为设置障碍。

我们拿每天穿衣服为例，看如何减少穿着上的障碍。

围绕穿衣服要花的时间：

- 要考虑搭配问题。
- 要考虑衣服在衣柜中的收纳方法。
- 需要清洗。
- 晾干要叠、维护。
- 衣服要换季。
- 有些衣服还需要送出去干洗。
- 不需要的衣服还需要想办法处理。

…………

可见，单单是一个穿衣服的问题，就涉及收纳、清洗、维护等多个环节。如果家人多的话，有关衣服的问题还真得花费我们不少时间。

当然，有些人以穿衣搭配为一种乐趣，所以有关衣服所花的时间他们会作为一种享受。但因为穿衣服这件事每天都要做，每天都要花费不少时间，所以应该为穿衣服少设置一些障碍，尽量减少为此所花的时间，从而提高时间的使用效率。

我给孩子们准备的上幼儿园要穿的衣服，一个孩子的上衣和裤子最多5套。而且一个季节就穿这5套，过季就处理掉。因为孩子长得快，今年的衣服明年肯定穿不了了。有人说可以把老大的衣服留下来给老二穿。但是我觉得，孩子小，在幼儿园衣服上难免沾上洗不掉的污渍，到时给老二穿有污渍的旧衣服，孩子也不高兴。而且，要把老大淘汰的衣服收纳起来，这本身就要花不少时间去管理。我觉得得不偿失，所以老大淘汰的衣服干脆都处理掉了。

　　每当换季的时候，我就会把老大的旧衣服处理掉，同时趁商场打折的时候给孩子购买明年的新衣服。我们家大人的衣服也是定量的，有多少衣架就购买多少衣服。我设定的原则是"丢一件才能买一件"。

　　另外，我们家不会到换季的时候把过季的衣服收纳起来，再把当季的衣服拿出来。我的窍门是把客厅旁边的一个小房间改造成衣帽间，家庭全员春夏秋冬四季的衣服全都挂在衣帽间里，或者叠放在整理箱里。这样省去了换季整理衣服的时间，也可以对全部衣物一目了然，管理起来也很方便。

　　另外，对衣服的分类收纳，我也是力求简单。孩子的衣服，兄弟俩分别用不同的整理箱装。拿裤子来说，老大的裤子我尽量买浅色，而老二的裤子则尽量买深色，这样一眼就能分辨出是谁的裤子。

大人的衣服，我和丈夫也是分开挂的，各自整理各自的衣服。而且我们各有一个篮子，可以临时放衣服，不想挂起来的衣服就放在篮子里。第二天还要穿的衣服一般不挂起来，而是放在篮子里。

关于衣服，我为什么要设置如此细致的规定？因为每天洗衣服、收衣服，以及换季等衣服的管理工作，会占去我们很大一部分常规时间。为了提高时间效能，对于每天要花大量常规时间去做的事，我会尽量设置省事的规定，按照规定来做就可以节约很多时间。

请大家重新审视一下自己每天的时间表，看常规时间中有哪些项目流程比较复杂。拿我来说，我觉得衣服换季收纳就比较麻烦。也有的朋友觉得做饭的流程比较麻烦，要买菜、做菜，还要做剩余食材的管理等。

常规时间的工作中也有流程比较复杂的项目，比如"每周的定期例会"，要向团队成员发邮件确认时间、准备会议资料、预约会议室等。

在后面讲减法的章节中我会再次讲到，把日常工作的流程设计得越简单，时间效能就越高。

》》》 3. 不要留间隙时间

以往的时间管理术或生活小窍门都很重视间隙时间，把间隙时间的使用作为一个重要的时间管理技巧。

但是，我并不推荐利用间隙时间。因为一旦留出间隙时间，我们的工作就被打断了，头脑的发动机就暂时停机了。间隙过后再次投入工作时，头脑的发动机还得重新启动、预热，这就得花多余的时间。

我估计大家都有过如下经验，想着"今天的预约和例会比较多，间隙时间也比较多，我就利用间隙时间做点自己的工作吧"，可是，快要下班的时候您发现"自己的工作并没有做多少"。

像这样，计划的工作分得很细，之间就会有很多间隙时间，结果工作效率反而不高。

另外，请大家不要误会"不留间隙时间"的意思。我不是说要把时间表排得满满的。我的意思是"不要让头脑发动机重启太多次"。

具体来讲，就是如果要制作资料的话，就把回复邮件等同一类型的工作与其安排在同一个时间段；如果要外出工作的话，不要分为上午、下午两次，而是把外出的工作一并安排在上午或者下午。也就是说，把相同类型的工作尽量安排在同一时间段，这样可以减少头脑发动机重启的次数，从而提高时间效能。

》》 4. 5秒内做决定

要想提高时间效能，还有非常重要的一点，就是"减少纠结时间"。

人的烦恼有很多种。比如"我要不要买一台新电脑？""我要不要换个工作？""孩子的雨衣买蓝色还是黄色？"……但不管什么烦恼，只要不做决断的话，它就会一直盘踞在我们头脑中，占用我们头脑的资源。

头脑资源被悬而未决的事情占据，肯定会影响我们做其他事情的效率。

那么，该如何减少纠结和优柔寡断呢？

我推荐大家进行"5秒内做决定"的练习。

去餐厅吃饭的时候，有不少朋友看着菜单久久难以做决定。要问他们在纠结什么，他们会说："这个看起来不错，那个也挺好吃，选这个就吃不到那个……"

仅仅是决定吃什么菜，就要花费"意志力、选择力和时间"。当然，对于人生中的重要事情我们应该深思熟虑，但对于不太重要的事情，就不要花太多精力和时间纠结了，越快做决定越好。

像在餐厅点菜、星巴克点咖啡、商店选衣服这些不太重要的事情，我们可以练习在 5 秒内做决定。别看这些都是小决定，可小决定积累多了，遇到大事情的时候，我们便也可以快速做出决定。

说句题外话，著名的 IT 企业创始人史蒂夫·乔布斯和马克·扎克伯格即使在工作场合也是 T 恤配牛仔裤的打扮。打入美国职业棒球联赛的著名日本选手铃木一郎，每天的主食都固定为咖喱饭。他们这样做的原因是什么呢？因为对于穿衣、吃饭这种不那么重要的事情，这些名人根本不想花精力和时间去选择。而他们的"选择力"就是用于选择不去为小事花精力和时间。

>>> 5. 减少选择的次数

前面我们练习了"快速决策"，现在我们谈另一个问题——选择次数。您听过"选择疲劳"吗？据说我们每天要进行 9000~

3.5 万次选择和决定。

啊？那么多次！肯定有朋友吃惊不已。

早晨打开大门，看见天色阴沉，您会想："今天会不会下雨呢？我要不要带雨伞呢？"这就算一次选择、决定。

今天上班坐地铁还是乘公交车？上楼梯时走左边还是走右边？到公司前要不要去便利店买杯咖啡喝？……我们会在无意识之间做无数次这样的小选择、小决定。

每次选择都要消耗我们的脑力。上午的话您可能会感觉做这种小选择不费劲，但到晚上就不一样了，因为头脑已经累了一天，再做选择就感觉疲惫了。

一天之中，随着时间的流逝，我们使用时间的效率会逐渐降低。

单身人士我们姑且不谈，因为他们的一天 24 小时可以自由支配。但其他人就要注意"选择"的问题了。尤其是夫妻双方都工作的家庭，夫妻为了家庭、为了孩子，每天要做很多选择。当然，选择做多了，也会让人感到疲惫。

早晨起床，先看看天气预报，确认今天的天气、气温，然后给孩子选合适的衣服。给孩子做早饭还要纠结一下，做西式的三明治呢，还是传统的稀饭、煎蛋呢？送孩子去幼儿园，在玄关还要考虑给他们穿哪双鞋子……围绕孩子就有这么多细小的选择要做。

假设为孩子所做的选择是为自己所做的选择的一半，那么有一个孩子的人和没有孩子的人相比，每天做选择的量就是后者的1.5 倍。

"每天一回家就累瘫了，什么都不想干。"在夫妻共同工作的家庭里，下班后的疲惫除了身体上的累之外，我想还有很大一部分来自"选择疲劳"造成的心累。那么，防止出现"选择疲劳"，只有两个办法。

- 减少选择次数。
- 在头脑清晰的上午，给自己留一些时间。

前面讲过，我属于不能早起的类型。根据自己的类型，我制定了减少选择次数的规则，具体如下。

在家里减少选择次数的机制：

① 早餐的菜单是固定的。

② 衣服的搭配是固定的。

③ 孩子们的部分事情让他们自己选择（上幼儿园前的准备工作、收拾玩具等）。

在工作中减少选择次数的机制：

① 准备邮件的固定格式，以备回复邮件时直接套用。

② 受到别人邀约时，制定是否接受的规则，按规则办事。

③ 对于拿不准的工作，先请示上司，请上司做判断。

　　具体的操作方法我将在介绍时间减法时详细讲解。制定这一系列规则的两年之后，我基本上可以不做选择了，按照规则做就可以了。

　　我们可以先从身边的小事做起，逐渐削减为小事做选择所花费的时间和精力。

》》》 6. 留出余白

　　将时间可视化，制作了时间表之后，我们就可以发现那些不知做了些什么的空白时间。这时，很多朋友肯定如获至宝，心想："好嘞！这些空白时间我一定要好好利用起来。"然后给这些空白时间安排了看似有意义的工作或预约，以为这样就可以大幅提高时间效能。

　　但是，在讲间隙时间的时候我就提到过，我们不能把时间表安排得太满。该留出余白的地方就留出余白，这样才能从整体上提高时间效能。开车的朋友都知道，汽车方向盘有一个"游隙"，即通常讲的"旷量"。我们在安排时间表的时候也要留出一定的游隙，即"留白"。

为什么要留余白？因为人生并不总是按照计划发展。有意识地留出余白时间后，如果遇到突发事件就有时间来应对，处理问题也游刃有余。

如果没有发生意想不到的事件，那么留出的余白就变成了"奖励时间"，我们可以用它来做自己喜欢的事。

每天安排多少余白时间呢？我的标准是 24 小时减去睡眠时间后，取十分之一作为余白时间。比如，我每天睡眠 7 小时，那么余白时间就应该是（24–7）×0.1=1.7 小时，即 102 分钟。

我们可以把这 102 分钟分成若干部分，作为余白穿插到时间表的各处。

这样的时间安排，可以让我们的头脑发动机不用生硬地切换，有个短暂的过渡，保证更加顺畅地切换，也可以防止我们被满满的时间表追赶得喘不过气来。

余白时间：

（24 小时 – 睡眠时间）×0.1。

04 / 时间效能提高后，真正想做的事情就可以实现了

当我们意识到"时间效能"这个概念的时候，再使用自己的时间，就会发现以前没有注意到的很多兴趣和关注点。为什么以前没有注意到这些？因为以前被动地被时间追着跑，根本没有余力关注自己的内心。而且，渐渐地心底会涌起一股力量——"我想做自己真正想做的事情！"在心理学上这种现象被称为"内在动力被激活"。

孩子身上有值得我们学习的地方，对于感兴趣的事情，孩子会高度集中注意力投入其中。就是因为他们从内心深处喜欢做这件事，这股强大的力量激发了他们的内在动力。每个人小时候都有这样的经历，但长大成人进入社会之后，有太多的因素和责任限制了我们做自己想做的事情，当然其中很多是我们为自己设置的障碍。

当我们做自己想做的事情时，注意力高度集中，单位时间的生产性很高，因此时间效能也就很高。

073

当人以较高的时间效能做事情的时候，心中会产生"自我效能感"。"自我效能感"是心理学家阿尔伯特·班杜拉提出的概念，是指人们对自己能否利用所拥有的技能去完成某项工作行为的自信程度。

但是，对 30~40 岁的人来说，尤其是有了家庭、孩子的人，工作、生活异常繁忙，没什么时间做自己想做的事情，所以他们不容易获得自我效能感。

所以，对这样的朋友来说，有必要为自己创造一些能感到高效能的时间，哪怕少一点也没关系。高效能时间可以让人感觉"我也可以嘛"，从而产生自我效能感。接下来就会激起继续做下去的欲望，"不如再做一下试试，花工夫研究一下没准能做得更好"。

高效能时间→自我效能感提升。如果让自己进入这样的良性循环，自然而然就可以掌握高效的时间使用方法。

至此，我们学习了时间可视化（整体最适）和提高时间效能（部分最适）的时间管理方法。接下来我们就要进入时间减法、时间加法的环节了。

第二章总结

- ☑ 提高使用时间的质量。
- ☑ 安排时间表的时候，考虑自己的专注力和思考能力，合理安排时间。
- ☑ 拥有"瞬间视线"和"连接视线"。
- ☑ 为自己创造"不用选择"的机制。
- ☑ 从力所能及的事情做起，实现高效能时间→自我效能感提升的良性循环。

断舍离时间管理术的关键
在于时间的『减法』

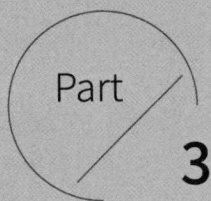

"时间的减法"，就是以自己人生中各种事情的优先程度为基础，将那些优先度低的事情果断减掉，不为它们花费时间。在整个过程中，最重要的就是"自己的价值观"。……通过"时间的减法"，我们的价值观就会逐渐清晰起来。通过断舍离，放弃不该做的事情之后，想做的事情、该做的事情就会清晰地浮现出来。

将自己的时间可视化之后，您是否更加深切地感觉到"时间真是有限啊！我想把时间花在自己想做的事情上"？那么，如何才能把"自己想做的事情"插入每天排得满满的时间表里呢？

接下来就要进入重点内容了——"时间的减法和加法"。

可能一些朋友会产生疑问："每天我要照顾家庭、孩子，工作的质量和数量还要保证，即使把时间可视化了，还有什么可以做减法的空间呢？"

以前我就是这种类型的人。一开始我也从书上学了很多节省时间的管理术，可实际应用之后每天也无法在下班前把工作做完。不得不把剩余的工作带回家做，可做完家务、把孩子哄睡着之后，基本上也已经 22 点了……然后还得打开笔记本电脑工作。这样的生活，怎么可能还有时间做自己想做的事情呢？

可是，自从我使用了自己发明的时间管理术后，即便我在公司中升职到了管理岗位，即便我又生了二胎，我依然能够保证每天有 1 小时的自由支配时间。我都能做到，相信您也一定能做到。

01 / 重审自己的价值观，做时间减法

　　"时间的减法"，就是以自己人生中各种事情的优先程度为基础，将那些优先度低的事情果断减掉，不为它们花费时间。在整个过程中，最重要的就是"自己的价值观"。

　　本书中对于时间的整体思考方式可以简化成一个公式，如下所示。

　　关于时间的思考方式：

　　①自己使用过的时间（可视化）－②价值低的时间（减法）=③为自己真正想做的事情所花的时间（加法）。

　　在漫长的人生中，以自己的价值观为基础的减法能力和断舍离能力，将为我们增加让自己满足的时间。

　　估计又有朋友要提问了，"要提高人生的满足度，不是应该先做'加法'吗？"

　　当然，如果您已经有真正想做的事情，或者非常明确地知道自己该做的事情，那您可以做时间"加法"。

但如果您和当初的我一样，还不清楚自己真正想做的事情和该做的事情，那就应该从"减法"做起。

我们为什么会什么都不清楚呢？因为自己的价值观还不明确，不知道什么事情对自己重要。

但通过"时间的减法"，我们的价值观就会逐渐清晰起来。通过断舍离，放弃不该做的事情之后，想做的事情、该做的事情就会清晰地浮现出来。

"对我来说，这件事情真的重要吗？"

"这是我真正想做的事情吗？"

在做时间减法的过程中，通过如此反复地追问自己，让"真正该花时间做的事情"在头脑中逐渐成形。

另外，我们每天的时间有 24 小时这个上限，如果不先做减法的话，也不可能有多余的时间用来做加法。

总而言之，我建议大家先用我接下来介绍的思维方式和技巧，把优先度低的事情停掉。

实际上，擅长时间减法的正是日本的职业妈妈（全职工作的妈妈）。

日本人的生活习惯与大多数国家不同，很少有人请保姆照顾孩子，家务事也很少外包给家政公司。虽然现在这种情况有所改观，但因为女性工作方式缺乏多样性，如果一边上班一边照顾孩子的话，不做减法是根本运转不下去的。这样的窘迫环境磨炼了日本职业妈妈的"时间减法"技能。

夫妻双方都有工作的家庭，生了孩子之后，他们会立刻陷入"没时间"的窘迫境地。

如果丈夫的工作属于日本典型的长时间劳动型，那妻子的压力会更大，妻子的时间更不够用。

根据日本内阁府的调查统计，夫妻共同工作，孩子又在 6 岁以下的家庭，妻子做家务、带孩子的时间是丈夫的 4.9 倍。

我休完产假回归工作的时候，也马上感觉到了时间上的窘迫。

我深切地感到，如果不强制重新安排一天的时间表，生活简直过不下去。

当时的我甚至想过"放弃工作，放弃家务，或者放弃育儿"。但我不是轻言放弃的人，为了改变现状，我觉得只有改变自己，改变自己的价值观。

要想打破"时间的枷锁"，首先要给自己每天做的事情排一个优先顺序。那么优先度低的、不必要的事情，可以果断停掉。作为职业妈妈，为"工作、家务、育儿"排序，是每天要做的工作。

"今天早晨孩子起床时有点磨磨蹭蹭，不太舒服的样子，可能昨晚发烧了。明天可能得带孩子到医院去检查一下……这样的话，预定明天提交的资料必须提前做完。那么，现在手头的工作需要延后 1 小时，午休时间也得减半，优先把明天的资料做好。"

就像这样，根据每天的具体情况决定做事的优先顺序，通过"减法"或"替换"来调整时间安排。

我把这比喻为"时间使用方法的负重锻炼"。就好比一个人在腿上绑上沙袋，每天做长跑训练。有一天当他取下沙袋的时候，他已经练就了一双"飞毛腿"。

对职业妈妈来说，时间紧、压力大，在这种情况下练习"时间使用方法"，效率一定会获得极大的提高。因为不这样的话，生活就过不下去。我也是休完产假恢复工作之后，在无奈的情况下，逐渐磨炼了自己使用时间的方法。

03 / 拥有自己的"尺度"

将自己的时间可视化之后，就要对时间做减法或加法了。但无论做减法还是加法，都不能想当然地乱来。

"哪些时间该减，哪些时间该加呢？"

判断这些问题的基础，是我们自己的价值观。

为了明确自己的价值观，对于时间我们需要有自己的"尺度"。所谓尺度，就是衡量标准。

在这里我为大家介绍三个评判时间的尺度。首先我们来看对可视化之后的时间进行分类的尺度。

≫ 尺度 1. "投资、消费、浪费"

我们自己使用的时间可以分为以下三类：

- 投资 = 预计日后可以获得回报的时间。
- 消费 = 日常生活中必须花费的时间。
- 浪费 = 没有意义的时间。

我们平时要养成为时间分类的习惯，主要分为以下三类："为未来花费的时间""现在应该使用的时间""使用得毫无意义的时间"。

举例来说，漫无目的地翻看微信朋友圈，对很多人来说就是一种"浪费"。做晚饭的时间，是生活必须花费的时间，因此是一种"消费"。上司请我吃午餐，如果一边吃饭一边谈工作，那午餐时间对我来说就是"投资"；但如果上司请我只是吃饭，不谈工作，那午餐时间就是"消费"；如果我原本打算一边吃午餐一边看书，只是碍于面子接受上司的邀请，和他吃饭又不谈工作，那陪上司吃饭的时间就是一种"浪费"。

就像这样，我们要随时注意判断自己现在所花的时间到底是

图10　判断自己的行为是"投资""消费"还是"浪费"

通勤路上　　　　　　　　　**理由**

看微博	投资	→	因工作需要，要考取某种资格证，在微博上联系相关专业人士，听取他们的意见，学习他们的方法。
看微博	消费	→	家里想换一台冰箱，在微博中看冰箱用户的反馈，寻找合适的冰箱。
看微博	浪费	→	打发时间，看八卦新闻，比如艺人的绯闻等。

同一件事在不同的理由、目的之下，可能具有不同的性质。

"投资""消费"还是"浪费"。通过这样的训练，我们可以更加准确地把握时间的性质，为做加减法做好准备。

▶▶▶ 尺度 2. 自己的时薪

以自己的时薪为基准，测算时间的价值（图 11）。

首先，我们来计算一下自己的时薪。方法很简单，用 1 个月到手的收入除以这个月的劳动时间，结果就是我们工作 1 小时所挣到的钱数，即时薪。

图 11	以时薪作为判断的基准

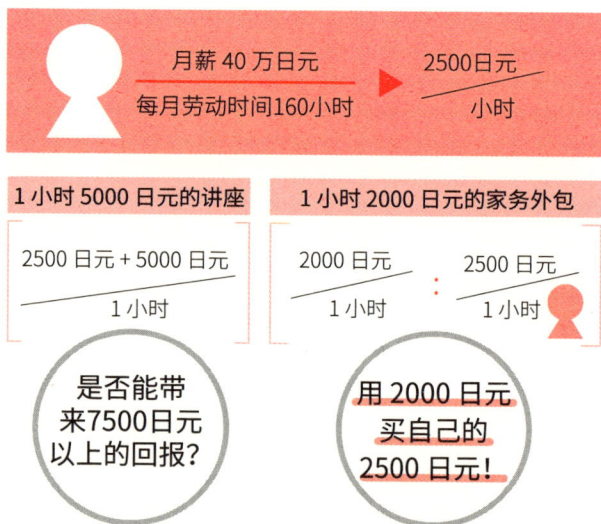

月薪 40 万日元
每月劳动时间160小时
➡ 2500日元 / 小时

1 小时 5000 日元的讲座

2500 日元 + 5000 日元 / 1 小时

是否能带来7500日元以上的回报？

1 小时 2000 日元的家务外包

2000 日元 / 1 小时 ： 2500 日元 / 1 小时

用 2000 日元买自己的 2500 日元！

最近网上有些软件可以帮我们计算时薪，只要输入工资和劳动时间，马上就能计算出时薪。

特别是碍于面子不喜欢求人，或者对别人的请求不善于拒绝的人，把握住"自己的时薪"这个尺度之后，做起减法来就轻松多了。

时薪的计算公式：

月收入 ÷ 当月劳动时间。

举个例子，假设一个人的月收入是 40 万日元，他每月的劳动时间是 160 小时，那么时薪就是 40 万 ÷160 小时 =2500 日元。这个人花 2000 日元请家政人员来家里打扫 1 小时卫生，这样就给自己省出了 1 小时的自我时间。他可以用这 1 小时工作，也可以做自己喜欢的事情。他的时薪是 2500 日元，而请人打扫 1 小时卫生只花了 2000 日元，说明把打扫卫生的事项外包出去是划算的。

再比如，这个人花 5000 日元买了一场讲座的门票，讲座时间为 1 小时。那么，他为这场讲座付出的代价就是 5000 日元 +2500 日元 =7500 日元。如果日后这场讲座带给他的价值小于 7500 日元，那么听这场讲座就是不划算的。

听讲座是一种自我投资，看这场投资是否值得，也可以用"自己的时薪"这个尺度来衡量。而且，这样的衡量，不仅能让我们放弃那些不划算的讲座，还能让我们在听讲座时更加认真。

另外，当我们为时间的使用方法感到犹豫不决时，也可以用"自己的时薪"的尺度来做判断。

比如，"请家政服务员来做卫生，总感觉有点浪费"。有的时候，我们想花钱把一些家务劳动外包出去，可又心疼钱。这时就可以拿出"自己的时薪"这个尺度来做衡量。如果外包家务劳动每小时支付的费用小于自己的时薪，那就应该果断外包。把节省出来的时间用于工作、休闲娱乐或者自我投资，都是值得的。

》》 尺度 3. 可控还是不可控

"自己和别人""未来与过去"。

哪些是自己能控制的？哪些是自己无法控制的？答案很简单，只有"自己"和"未来"是自己能控制的。

可是在现实中，从时间的使用方法来看，很多人把大量时间花在了自己不可控制的地方，而且固执地认为"这些时间是没法减少的"。

我们可以先试着将工作中的事情分为可控和不可控两类。

可控类:

- 提高自己的工作技能。

- 花在工作上的时间。

- 向上司提出调动工作。

- 公司内与同事沟通的方式方法。

- 根据公司位置选择住宅。

    …………

不可控类:

- 部门的分配。

- 工作内容和劳动时间。

- 一起工作的同事。

- 别人对自己的评价。

- 公司的位置。

    …………

有些朋友每天上下班的通勤时间就有两小时以上，他们经常叹息说："要是公司离家近点就好了。"可是，公司的位置不是我们能控制的。所以，这样的叹息、抱怨没有任何意义。

但是，我们能控制的是"家的位置"和"对公司的选择"。很多人也明白这一点，但他们不去关注自己能控制的事情，而是把目光放在自己控制不了的事情上，整日唉声叹气。这样做无益于改变现状，只是浪费时间。

当然，把家搬到离公司较近的地方并不像说的那么简单，要列举不能搬家的理由，可能大家说上一天一夜也说不完。既然如此，我们干脆把通勤时间看作自己无法控制的时间，也是不能做减法的时间，但我们可以想办法把通勤时间变成对自己有用的时间。

另外，很多时候我们觉得自己在公司已经很努力了，每天也花很长时间一心扑在工作上，但结果获得的评价并不高。这怎么办呢？其实我们应该明白，对我们的评价是别人的事情，嘴长在别人身上，我们是无法控制的。

已经形成的评价，我们是无法改变的。接下来我们该怎么做呢？是不是通过改变自己的工作方式、沟通方式，可以让别人改变对自己的评价呢？这是我们应该思考的问题。

可是，现实中很多朋友不会向前看，他们不去总结经验教训，而是推脱责任："上司对我评价不高，是因为我和他性格不合。"然后和同事抱怨自己受到的不公待遇，或者在心里将自己和得到高评价的人做比较，结果丧失工作热情，甚至陷入一种恶性循环。

对于自己无论如何也无法控制的事情，我们就不应该花宝贵的时间去思考它们。不如从自己能控制的事情做起，为了以后获得较好的评价，从现在开始多方收集信息，修正前进的方向，让自己的未来变得更好。

在做时间减法之前，先分清哪些事情是自己可以控制的、哪些事情是自己无法控制的很重要。已经发生的事情和自己完全没有控制权的事情，都是可做减法的对象，根本没必要再为它们花时间。

请大家牢记，自己的时间只应该花在自己能控制的事情上。

基于 3 个尺度做判断

通过时间可视化我们为自己的一天 24 小时制作了时间表。接下来，我们要基于 3 个尺度来判断哪些事情可以成为"减法备选对象"。

举例来说，在时间表中我每周在家里要做两次扫除，每次45 分钟，两次合计 90 分钟。扫除的项目可以做减法吗？

基于尺度 1 判断：扫除时间不是消费，但是应该保留扫除吗？

基于尺度 2 判断：根据我的时薪（2500 日元）计算，扫除90 分钟相当于 3750 日元。自己做扫除的成本还是挺高的。

基于尺度 3 判断：扫除时间是可以自己控制的。

　　通过此番思考之后，我决定聘请时薪为 1500 日元的家政保洁员来家里做扫除，每周做 1 次，1 次 2 小时（3000 日元）。节省出来的这两个小时我可以用于考职业资格证的学习（自我投资），也可以陪孩子玩耍，增进亲子感情（图 12）。

图 12 **基于 3 个尺度对"扫除"进行判断**

尺度 1　投资、消费、浪费

尺度 2　自己的时薪

尺度 3　可控还是不可控

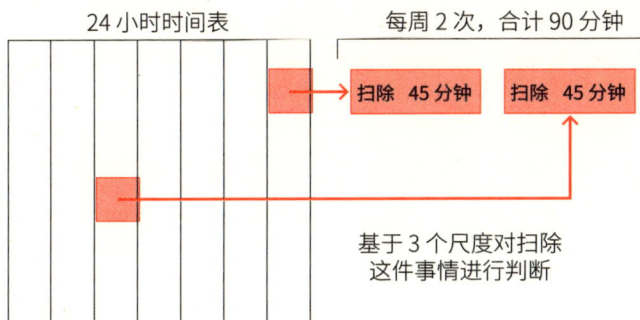

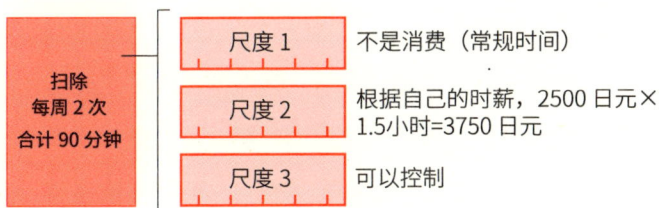

24 小时时间表　　　　　每周 2 次，合计 90 分钟

扫除　45 分钟　　　扫除　45 分钟

基于 3 个尺度对扫除
这件事情进行判断

扫除
每周 2 次
合计 90 分钟

尺度 1　不是消费（常规时间）

尺度 2　根据自己的时薪，2500 日元×
1.5小时=3750 日元

尺度 3　可以控制

▼
▼

是否需要做减法？

从 24 小时时间表中选出备选项目，基于 3 个尺度进行判断，就可以准确判断出是否
需要做减法。

04 / 不善于做减法的人

有些朋友就是不善于做时间减法，什么事情都舍不得减掉。我们来看看这些人有哪些特点。

>>> 1. 完美主义者

不善于做时间减法的人，可能小时候比较优秀，即所谓的"好孩子"。"好孩子"中"完美主义者"比较多。

"好孩子"比较在意别人的看法和反应。他们会下意识地避免做那些给别人添麻烦的事情。

而且，"好孩子"责任感比较强，做事情被表扬的经历也比较多。另外，他们希望获得别人认同的欲望也比较强烈。即使自己没时间，但当别人求他们帮忙时，不管是工作还是家务事，他们都会尽自己最大的努力去帮助别人。也就是说，他们已经养成了委屈自己、满足别人的习惯。

结果，他们不懂拒绝，在时间上很难做减法。

>>> 2. 没有自己的尺度

没有自己的尺度的人，不会给自己的事情安排先后顺序，他们当然也不擅长做时间减法。而完美主义者中就有不少人没有自己的尺度。

我们先以金钱为例，要想节约钱的话，首先应该从减少固定费用入手。

比如，大的通信公司的手机套餐一般都比较贵，我们可以换为小通信公司的便宜套餐。还有我们被保险顾问忽悠，盲目购买的一些无用保险，也可以尽早解约。这些都是节省固定费用的对策。

有一些人，虽然想减少支出，但心里总感觉大通信公司的手机服务更可靠，不想换成便宜的小公司。他们也会觉得保险顾问讲的话似乎有道理，已经购买的保险都不应该退保。

这样的人认为"判断事情优先度的基准在别人身上，不在自己身上"。对所有事情，都会根据"别人的标准"做判断，而且形成习惯之后，他们就丧失了根据自己的标准判断事物的能力。

因此，当他们想做减法的时候，却对自己的判断缺乏自信，最后不得不妥协，"似乎全都有必要，哪个也不能减"。

对于这样的朋友，我建议他们先从"3 个尺度"中选择一个对自己来说最容易的，然后根据这个尺度对自己使用的时间进行判断。通过这样的训练，哪怕只减掉 15 分钟，也算是一次成功的体验。成功体验积累多了，就能逐渐掌握判断的尺度。

很多人不是不能做时间减法，只是以前从没做过罢了。从简单的事情开始尝试一下减法，就会发现自己也能做得很好。通过不断地做减法，去掉那些不重要的事情，我们的价值观也会越来越清晰。

05 / 做减法的技巧

　　我们按照自己的尺度对时间进行筛分之后，接下来就该判断其中"应该减掉的时间"了。下面就为大家介绍做减法的技巧。

》》技巧 1　提出 5 个问题

　　请大家给自己提出以下 5 个问题，追问自己"想要减掉的时间"。

5 个问题：

- 我不做这件事，会给谁带来麻烦？
- 有谁可以替我做吗？
- 如果我有无限的时间，还想做这件事吗？
- 如果这段时间不做这件事，我有其他想做的事吗？
- 现在做的事情，会对 3 年、5 年、10 年后的自己有所帮助吗？

　　举个例子，假设我每周要在家里做两次大扫除，对于大扫除，我提出以下问题：

　　○我不做的话，会给谁带来麻烦？

　　▶会给家人带来麻烦？把家里打扫干净了，是不是家人也注意不到？

　　○有谁可以替我做吗？

　　▶老公经常不在家，没人可以替我做。

　　○如果我有无限的时间，还想做这件事吗？

　　▶并不是我想做扫除，只是把家里打扫干净了，过得更舒心。

　　○如果现在不做这件事，我有其他想做的事吗？

　　▶陪孩子玩。

　　通过自问自答的形式，确认自己在这段时间做这件事的意愿。

　　在我们家，我通过这样的自问自答决定减少扫除时间，于是我买了两台自动扫地机。我心想："我们家的人对是否扫除并没有在意到神经过敏的程度，但不做扫除也不行，而且没有人可以替我做。如果能够减少扫除时间的话，我就有更多的时间来陪伴孩子。"于是，我用机器省去了我一部分的扫除时间。

　　可能不同的朋友有不同的减少扫除时间的方法，比如"请老公帮忙做""孩子也可以帮忙做""花钱请保洁人员做""由每周两次减少到每周一次"等。对想做扫除可是没时间的人来说，"外包给保洁人员"是个不错的选择。而且，将清洁工作外包出去，还可以减少自己"我必须得做扫除"的负担感，从而减轻负面的心理压力。

综上所述，通过自问自答的方式，可以找出应该减少的"次数"或"方法"，从而更容易实现减法操作。

我们再来思考一下工作中做减法的情形。

举个例子，假设我有一项日常工作是制作会议记录，对这项工作我向自己提出以下问题。

○我不做会议记录的话，会给谁带来麻烦？

▶很少有参加会议的人事后要看会议记录。只有当发生问题的时候，需要查询会议内容的时候，才会翻看会议记录。

○如果有人可以替我做会议记录，我愿意让他替我做吗？

▶我当然愿意有人替我做。这么说起来，平时只有 A 君偶尔提出要看会议记录，说不定可以请他替我做会议记录。

○如果不做会议记录，我想用这段时间做什么？

▶读会议记录的人很少，我不做会议记录的话，可以用这段时间来做其他工作。

○现在做会议记录，会对 3 年、5 年、10 年后有帮助吗？

▶如今的工作方式日新月异，制作文字会议记录的方式，说不定未来的哪一天就消失了。

通过这样的自问自答，我不禁思考："一直以来作为例行工作制作的会议记录，还有继续做下去的必要吗？"

这时，有两个可能的选项浮现在我的脑海中：第一，询问 A 君是否愿意接替我来做会议记录；第二，我姑且不做会议记录了，观察一下周围同事、上司的反应。

很多事情做了会锦上添花，但找出那些不做也不会给谁带来麻烦的事情，是做时间减法的重点。

当您为做时间减法感到迷惑的时候，请通过以上 5 个问题的自问自答来理清思路。

>>> 技巧 2　列一个"不想做的事"清单

我建议大家平时要学会制作"不想做的事"清单（图 13）。

常见的"笔记术"大多推荐大家制作"To do 清单"，很少有人推荐大家制作"Not to do 清单"。但实际上，我们不仅应该了解自己想做的事（加法），更应该弄清自己不想做的事（减法）。所以，我们平时更应该注意梳理自己不想做的事。

在日常生活中，如果感到"啊！这件事我不想做！"，那应该马上把它写下来。记在笔记本上或手机的记事 APP 上都

图 13　　　制作 "不想做的事" 清单

Not to do
● 不想哄孩子睡觉
● 不愿意准备早饭
● 讨厌检查文件
● 讨厌穿丝袜
● 不想一天浏览社交软件 30 分钟以上
● 不喜欢熬夜
● 不喜欢和讨厌的人见面

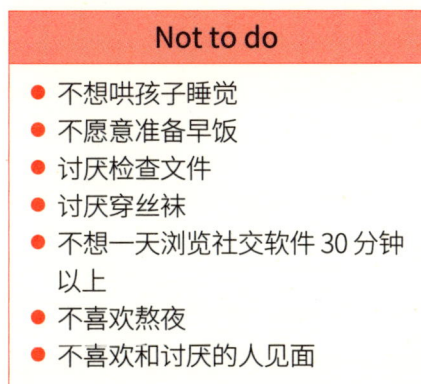

像这样，实际写下来非常重要，不要只停留在头脑中。而且，不是 "To do"，而是 "Not to do"。

可以。我习惯用手机的记事 APP，通过语音输入做记录。

拿我来说，我的 "Not to do 清单" 中有哄孩子睡觉、准备早饭、检查文件等很多项。

那么，不想做的事如何才能不做呢？举例来说，每天晚上我要哄两个孩子（2 岁、6 岁）睡觉，非常麻烦又花时间，我不想再哄他们睡觉了，于是我制定了让两个孩子自己睡觉的一系列对策。

让两个孩子自己睡觉的对策：

● 21 点就让孩子们进入卧室。

● 进卧室陪孩子 10 分钟就离开（让他们安心，并逐渐培养他们的独立意识）。

● 进卧室后给孩子们读绘本（培养睡意）。

● 将家里所有房间的灯都关闭。

按照上述方法，经过 3 个月的过渡，现在两个孩子可以自己睡觉了。我不用再花时间哄他们睡觉，做减法成功！

另外，我还不喜欢准备早饭。

在我们家，经常是我煞费苦心地准备了自认为精美的早餐，可是孩子们不买账，说不好吃，结果吃不了几口都剩下了。准备早饭、处理剩饭、洗碗花去我不少时间。

可我也知道，不吃早饭肯定不行，尤其是孩子，他们正在长身体。只准备一块面包也不好，品种单一，营养不均衡。

最终，我决定给孩子们做菜汤煮饭当早餐。只要前一天晚上把米和菜放在电饭锅里，加入适量的水，给电饭锅设置好定时煮饭功能，第二天早晨起床时，菜汤煮饭就做好了。

菜汤煮饭，有菜有肉有饭，维生素、蛋白质、碳水化合物等各种营养物质很齐全，营养均衡。做起来简单，吃起来可口，而且一个人只需要用一个碗，洗碗也省事。有剩余的，还能作为便当，让丈夫带到公司当午饭吃。总而言之，菜汤煮饭，省去了早晨做饭的时间、一部分洗碗的时间、处理厨余垃圾的麻烦，真是一举多得。

像我这样，把早餐的食谱固定下来，并且选择省时省事的饭菜，可以让我们减少很多思考和行动的时间。

〉〉 技巧 3　使用积极语言

制作"Not to do 清单"的时候，我们容易使用消极的语言。这时，如果把消极语言换成积极语言，不仅可以让自己更有动力，还能找到解决问题的方法（图 14）。

前面说过，"检查文件"是我讨厌的工作之一，已经写入我的"Not to do 清单"。因为我发现错误的能力很差，检查文件时总会漏掉一些错误。

我尝试把消极的语言换成积极的说法，"讨厌检查文件"→"不用自己检查文件"。

结果不久后的一天，我发现同事中有一位检查文件的高手，他的纠错能力非常强。为了达到"不用自己检查文件"的目的，

图 14　将"Not to do 清单"中的消极语言换成积极语言

Not to do	换成积极语言
● 不想哄孩子睡觉	→ ● 让孩子自己睡觉
● 不愿意准备早饭	→ ● 寻找简单的早餐菜谱
● 讨厌检查文件	→ ● 不用自己检查文件
● 讨厌穿丝袜	→ ● 改穿棉袜
● 不想一天浏览社交软件 30 分钟以上	→ ● 只在地铁里浏览社交软件
● 不喜欢熬夜	→ ● 23 点准时上床
● 不喜欢和讨厌的人见面	→ ● 只和喜欢的人约会

不想做的事，反面往往是想做的事。通过"Not to do清单"反推出自己想做的事，不就可以过愉快的生活了吗？

我竖起了搜集情报的"天线"，才找到了这位高手。我向他提出一个请求，以后请他帮我检查文件，作为报答我请他喝冰咖啡。他爽快地答应了。

一份文件，我检查 30 分钟也找不出其中的错别字、漏字，但我那位同事只需 3 分钟就可以发现这些错误。拜托他来检查文件之后，文件出错率大幅下降，我也不用再花时间检查文件了。

回头来看，正是把"Not to do 清单"中的"讨厌检查文件"换成积极的说法"不用自己检查文件"之后，我才发现了那位检查文件的高手，才成功完成了一项时间减法。

>>> 技巧4 让"一心二用的时间"凸显

很多朋友看着自己的时间表，却怎么也找不出哪些项目该做减法。我建议这样的朋友检查一下自己"一心二用的时间"（图15）。

科学家研究表明，人做一件事情的时候注意力最多集中60~90分钟。

大家是否有过类似的体验呢？做一件事情的过程中，会不知

图15	找出"一心二用的时间"

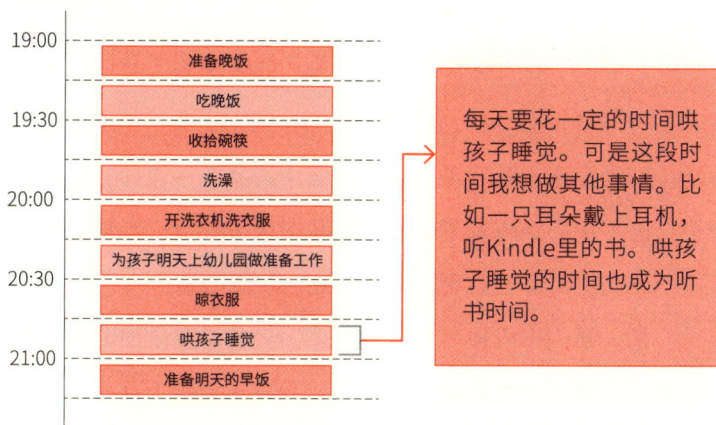

19:00
准备晚饭
19:30
吃晚饭
收拾碗筷
洗澡
20:00
开洗衣机洗衣服
为孩子明天上幼儿园做准备工作
20:30
晾衣服
哄孩子睡觉
21:00
准备明天的早饭

每天要花一定的时间哄孩子睡觉。可是这段时间我想做其他事情。比如一只耳朵戴上耳机，听Kindle里的书。哄孩子睡觉的时间也成为听书时间。

做一件事情的同时头脑中想着另外一件事情，这样的时间是做减法的重点备选项目。

不觉地"想到其他事情",这就是所谓的"一心二用"。

举例来说,"下午 4 点开会的时候,我脑子里一直在想明天要提交的文件该怎么写";再比如"今晚带孩子坐地铁体验城市公共交通,可是一路上我都在想下周末一家人出去旅行该带些什么东西"。像这种"一心二用的时间",就应该列入减法的备选项。

所谓时间减法,是指减少做某件事的时间,或者干脆不做某件事。但"一心二用的时间"也可以做减法。比如,开会的时候,注意力无法集中,总是想其他事情,那么我们可以放弃开会就该想会议的事情这种固有观念,而把开会的时间用来想其他事情。这也算一种时间减法。

再拿哄孩子睡觉这件事为例,关了灯躺在孩子身边让他安心睡着,一般都得花 30 分钟。现实中很多妈妈都不太喜欢哄孩子睡觉。因为等孩子睡着了,自己还有事情要做,而在这个过程中如果自己不小心也睡着了,就可能耽误很多事情。再加上有的时候孩子怎么也不睡,就更增加了妈妈的烦躁心情。

但是,我们可以换一种思考方式,哄孩子睡觉的时候我们也可以做一些自己想做的事情。比如,一只耳朵戴上耳机,一边陪孩子睡觉一边听 Kindle 或手机听书软件里的书。这样一来,哄孩子睡觉的时间又变成了听书时间。

我们的身体可以受到束缚，但思想不会受到束缚。在可以"一心二用的时间"我们做减法，把为"不想做的事情"所花的时间，变成对自己有用的时间。

/ **为了让时间减法实施得更顺利**

》》 1. 分步实施，并给自己做准备的时间

前面介绍过，我为了给"准备早饭，饭后收拾"做减法，决定使用固定食谱"菜汤煮饭"。但是，在实施的时候我并不是突然就开始的。像"好嘞！明天就开始做减法！"这种突然的实施，不容易坚持下去。

要想让时间减法顺利实施，分步实施是关键。

尤其是对常规时间（每天都要做的事）做减法的时候，特别需要设置一套体制，分步实施，使之习惯化，最后才能成功。

设置减法体制，除了分步实施之外，还有一个要点就是给自己一定的准备时间。比如，如果想把早餐改成固定食谱，那么首先要给自己留出一定的准备时间。

分步实施：

- 不要一下子减掉全部。
- 从 1 开始一步一步实施。

- 进展不顺利的时候，回到 1 重新开始。

准备时间：

- 为实施减法留出一定的准备时间。
- 将减法分成必要的步骤。
- 做必要的准备、安排。

还以"把早餐固定为菜汤煮饭"为例，看我如何分步实施、利用准备时间。

分步实施：

① 在网上采购蔬菜、肉类等食材。

② 在做晚饭的时候，把第二天早饭的食材准备好。

③ 晚饭后洗完碗筷，将早饭食材放入电饭锅，设置好煮饭时间。

④ 这种早饭一周吃两次（周一、周五。观察家人的反应，看他们能否接受长期早餐吃菜汤煮饭）。

准备时间：

① 如何采购早饭食材？

② 什么时候洗、切食材？什么时候放入电饭锅？

③ 一周试吃几次？

④ 主要看谁的反应来决定是否长期吃？

如果突然之间把"全部"都减掉，日后容易反弹。而且自己还搞不清"出于什么原因"坚持不下去。

综上所述，在做时间减法的时候，我们一定要分步实施，并留出一定的准备时间。

>>> 2. 防止时间的反弹

当我们成功实施了一次时间减法之后，就会发现"咦，做减法很简单嘛！"于是，开始自信满满地想："好嘞！我要继续改进自己使用时间的方法，多多做减法！"结果盲目地开始了大规模减法行动。可是不久之后又会发现，改进时间的使用方法和减肥一样，是会反弹的。

所谓时间的反弹，是指最后又恢复了当初使用时间的方法。

基本上来说，人是一种惰性很强的生物。也许一开始决心很坚定，也很努力，可是在实施时间减法的过程中就会感到越来越麻烦。最后不得不放弃思考、放弃行动，还是觉得像以前那样混日子来得更轻松一些。

除夕那天做大扫除就是一个典型的例子。除夕做完大扫除之后，很多人感叹："原来打扫一下自己的房间会变得如此干净整洁！"于是下决心每个月都做一次大扫除。可是，一个月后就嫌麻烦不想扫除了，心想："半年做一次就可以了。"最后，当发现房间脏乱到不得不做扫除的时候，已经到了年底，又到了一年一度做大扫除的除夕……

为防止这种情况发生，我们"不要一下子停掉全部、减掉全部"。就像减肥一样，如果一开始就突然加大运动量，同时节食，那肯定坚持不了多久。对于减肥，为了长久坚持下去，保证体重不反弹，重要的是"不要猛然间减轻体重"，而且"不要让减肥影响日常生活"。

做时间减法也一样。要循序渐进，开始时一天减掉 15 分钟就可以了，习惯之后再逐渐增加。

① 在哪里做减法？
② 哪个时段该做减法？
③ 进展不顺利的话再回到①。
按照上述顺序循序渐进地做时间减法。

首先，在头脑中想好哪些事在哪里做。然后，确定该减掉或替换掉哪个时段的事情。当进展不顺利的时候，分析失败的原因，然后回到①，从头再来。通过如此反复的实践，该减掉的事情、时间，就会逐渐清晰起来。

将行动细分化，除了可以防止时间反弹，还有另外一个好处，就是增强我们把控时间的成就感。在夫妻都工作的家庭里，夫妻双方除了工作还得带孩子，每天都有忙不完的事。在做事的时候人肯定会产生一种渴望——"赶快做完吧！"。可是，如果不善于管理时间的话，想"赶快做完"却"迟迟做不完"，这种状态会严重挫伤我们把控时间的成就感。

举例来说："我好想赶紧把这些盘子、碗都洗完，可这时孩子突然哭了起来，我不得不停下手里的活，去哄孩子。"

"本想加会儿班把工作都做完，可是不得不去幼儿园接孩子。没有办法，下班的时候只好丢下没做完的工作，赶去幼儿园。"

"本想坐下来喝口水歇一会儿，孩子却把水杯打翻了。"

像这样，在我们的生活中，有太多想做却做不成的事情。这种情况会让我们感到极强的挫败感。

但是，如果能把时间和要做的事细分成很小的单位，那么每实现一个小单位，就会产生一份成就感。小的成就感积累多了，我们就能形成自信。"原来我也能做到！"这样的自信，将帮助我们更好地面对未来的生活、工作。

由此可见，分步实施和留出准备时间，不仅可以防止时间反弹，还能有效地提高自己的成就感和自信心，可谓一石二鸟的好策略。

要想把时间减法做得更好，大家可以继续往下读。接下来的第四章是时间减法的应用篇，我将教大家做时间减法的具体应用。

第三章总结

☑ 审视自己的价值观，根据自己的价值观为自己所花的时间排出优先顺序，优先度低的可以减掉。

☑ 根据"投资、消费、浪费""自己的时薪""可控还是不可控"三个尺度进行判断。

☑ 制作"Not to do 清单"，思考自己该做和不该做的事。

☑ 不要一下减掉全部，分步实施，循序渐进。

☑ 进展不顺利的时候，可以返回第一步重新开始。

Part

4

时间减法（应用篇）

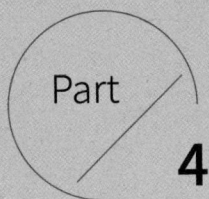

做时间减法比做时间加法难度大很多。究其原因，来自人类的一种心理状态——"安于现状偏差"。这是人类与生俱来的一种习性，通俗地讲就是"与改变相比，人类更倾向于维持现状"。……做时间减法并不等于否定过去的自己，而是重新确定"人生的优先顺序"。

01 / 重新确定人生的优先顺序

通过前面章节的学习，我们已经构筑起时间减法的框架，也可以找出哪些是该做减法的项目。本章将进一步深入挖掘做时间减法的窍门，帮大家把时间减法实际应用到生活、工作中。

您如果觉得读了第三章就已经熟练掌握了做时间减法的技巧，那可以跳过第四章，直接读后面的章节。

我觉得时间管理术中最难的就是做减法。如果读过第三章，您觉得自己还是没办法顺利地做减法，或者做了减法也会出现反弹，再或者您想进一步提高自己做时间减法的能力，那么这一章您一定不要错过。

为什么我要专门用一章的篇幅来写时间减法的应用？

因为我觉得做时间减法比做时间加法难度大很多。究其原因，来自人类的一种心理状态——"安于现状偏差"。这是人类与生俱来的一种习性，通俗地讲就是"与改变相比，人类更倾向于维持现状"。

也就是说，我们的头脑会不自觉地认为"如果采取行动（做减法）可能让情况更糟，所以还是不行动，维持现状更安全"，这也正是做减法的障碍所在。

加法就不一样了，加法是给我们增加时间、物品，而增加的肯定是我们喜欢的，所以加法要容易得多。大家可以想象一下，买东西是不是比丢掉现有的东西更开心？

有朋友可能要反驳，说买东西的时候也很纠结，要从多种商品中选出自己最中意的也挺费脑细胞的。可是，要舍弃现有的东西，那种过程更加艰难。因为现有的东西都是自己选择的，现在要舍弃它们，肯定会伴随着痛苦。舍弃东西的时候人会想："把这个东西丢了，说不定什么时候就会造成麻烦。如果留着，没准哪天还能用上呢。"不仅如此，舍弃东西还会让人感觉"这个东西是自己以前选择的，现在舍弃它，就等于否定以前的自己"。

做时间减法是同样的道理，在很多人看来，做减法就相当于"否定自己以前的时间使用方法"，否定自己总会让人觉得不舒服。

但我想告诉大家的是，做时间减法并不等于否定过去的自己，而是重新确定"人生的优先顺序"。

本章我将告诉您确定人生优先顺序的技巧，以及将时间减法深度应用于生活的具体方法。

02 / 应用时间减法的技巧

时间减法的应用技巧，其实很多都和时间加法紧密相关。

就像介绍"Not to do 清单"的时候我讲过的那样，当我们找出不想、不该做的事，并果断放弃它们的时候，我们也会更加清晰地看到自己真正想做的、该做的、人生必须做的事。

越是不知道自己想做什么、该做什么的人，越应该深入挖掘自己不想、不该做的事。因为在这个过程中，就可能找到自己想做的、该做的事。

所以，"在做时间加法之前，一定要做时间减法"。

不清楚自己想做的事，没有把握做时间加法的朋友，请先从本章介绍的时间减法做起。

>>> 应用技巧 1. 找出自己的"自以为"

人都有自己的"思考的习惯"，或者说"思考的偏好"。来到这个世界之后，我们每个人都有自己独特的成长环境、成长过程，受身边人的影响、学校教育的熏陶，每个人都会形成自己独特的思维方式，都有自己认为"理所当然"的事情，也就是所谓的"自以为"。

做了时间减法之后，我们会发现有很多"因为过分在意别人的感受而无法做减法的时间"。发现这样的时间，对于我们做时间减法、管理好自己的时间至关重要。"过分在意别人的感受"其实大多情况都源于我们的"自以为"。我们一定要打破"自以为"的枷锁。

经常有朋友找我咨询时间的使用方法，在交流中我发现，他们自以为"不能做减法的时间 = 不做 ×× 就不行"，下面举几个具体的例子：

- 部下的话不全部听完就不行。
- 跟工作有关的事情，拒绝就不行。
- 家人外出旅行的话，不全体一致行动就不行。
- 每年过年，不去公婆家拜年就不行。
- 为了孩子，不给他报补习班就不行。
- 照顾孩子的事，不由父母做就不行。

我想，每个人的头脑中都有各式各样的"自以为"。也许您没有意识到，这些"自以为"中就隐藏着时间减法的线索。

我刚从事管理工作时的"自以为"枷锁

我刚从事管理工作的时候（生孩子之前），对时间的管理方法简直一塌糊涂。那时的我认为，部下的请求必须马上给予回应，部下讲的话必须全部听完……

结果，哪怕是下班后的私人时间，我也不得不随时应答部下的电话、短信和邮件，而且，对部下得一视同仁，要花时间回复每一个人。所以，不管花多少时间也处理不完部下的事情，自己的工作却迟迟没有进展。

对部下来说这也不是好事。有一个可以一天 24 小时随时回复他、指导他的上司，绝对会妨碍部下的独立和成长。遇到棘手的问题，会想反正有上司帮我；有疑问的时候，会想只要问一下上司，他就会教我……有这种"方便"的上司，部下就不会有紧张感，也不会有自主工作的动力。

而且，如果部下不能成长的话，以后上司就不得不为他们付出更多的时间。

于是，我开始反省自己，作为一个管理者，搞得自己焦头烂额，还无法培养部下，原因到底在哪儿呢？经过反复思考，我终于明白，是一种自以为"我是上司，不做 ×× 就不行"的思想枷锁吞噬了我的时间，也剥夺了部下的成长机会。

所以，当我第二次就职管理岗位时（产假结束，回归职场），我放弃了对部下有求必应、平等对待每一位部下的固有思维方式，也改变了一天 24 小时待机、随时回应部下的习惯。

首先，工作时间结束后，我基本上不再接听部下的电话，不再回复他们的邮件（紧急事件除外）。对于部下提出的面谈请求，我也设置了门槛。不是说一句"我该怎么办"就可以找我面谈的。我要求部下必须把"面谈的内容、当前的问题、自己想怎么做"都确定好之后，才能找我面谈。

另外，我抛弃了自己一个人面对全体团队成员的管理体制，采取分组、分级管理体制。3 人 1 组，有 1 个组长（图 16）。这种管理体制让我轻松了很多，团队的战斗力反而更强，还有助于培养我的接班人。

以前我的管理体制是"管理者面对所有成员"，只有上、下两级。现在，我在自己和成员之间添置了"组长"一职，整个团队分为上、中、下三级。这样一来，团队内部纵向和横向的信息交流更加通畅，协作也更加高效。

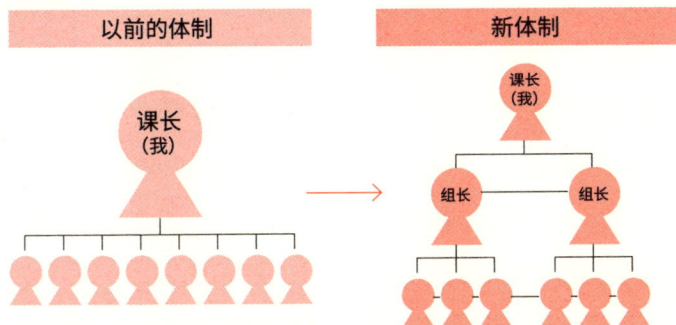

图 16　　**3 人 1 组的体制**

以前的体制　　　　　　　　新体制

课长（我）

组长　　组长

课长（我）

我采用分组、分级管理体制，一般事件都交给组长做决断。只有遇到紧急情况和十分棘手的问题时，我才会和组长进行面谈沟通。当组长无法独立做判断的时候，我再以课长的身份出面，为团队做决断。

　　建立这种管理体制之后，虽然我不会对每名成员都付出很多时间，但他们的"主人翁"意识反而增强了，每个人都带着责任感投入工作，结果工作效率大大提高。我把自己从"我是上司，不做××就不行"的桎梏中解放出来，不但提高了团队的战斗力，也大大减少了自己为团队付出的时间。

　　节省了工作时间，我的个人时间就得到了保证。而在我团队中担任组长的部下，自然也锻炼了领导能力、管理能力。其中一名组长，后来被提拔到总公司担任重要职务。我带的这个团队，还屡受公司的表彰和嘉奖。

　　可能有朋友认为这也没什么了不起的。确实没什么了不起的，但对我个人来说，我花在管理工作上的时间大大减少了。团队的业绩、人事评价，都有飞跃性的进步。

这件事至少让我明白当上司的心理枷锁是什么，就是"我作为上司必须做××，不做××就不行"。其实这只是"自以为"的"必须"。打破这个枷锁，打碎"自以为"，就可以将自己解放，将自己的时间解放。

育儿中的"自以为"枷锁

我们头脑中的"自以为"枷锁，并不容易被自己发现，但只要把它们从头脑中"搬出来"，就可以发现了。比如，"写在纸上""说给别人听"。

之前我们做了 24 小时时间表，以便把自己的时间可视化。现在请大家拿出那张时间表，再仔细审阅一次。那些没有被列入"减法候补"的时间项目中，是否隐藏着自认为不干不行的项目呢？（图 17）

在育儿的过程中，我的"自以为"枷锁是认为"孩子必须得由大人照顾"。

从孩子呱呱坠地开始，我就对他们照顾得体贴入微。但这样的经历也让我一直认为孩子是幼小、脆弱的生物，时时需要大人

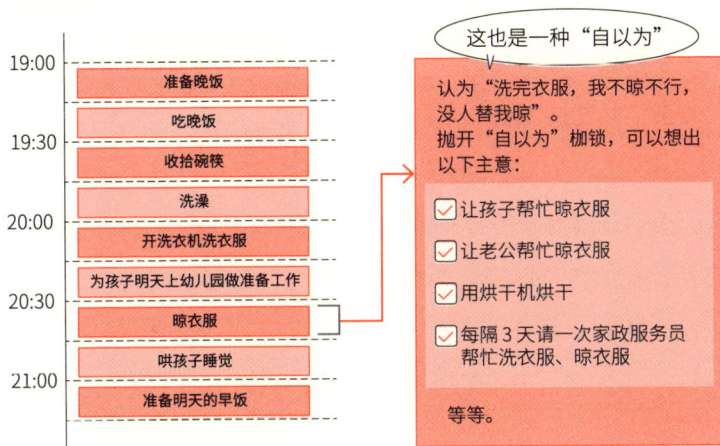

图 17　　从时间表中发现"自以为"枷锁

时间	活动	
19:00	准备晚饭	
	吃晚饭	
19:30	收拾碗筷	
	洗澡	
20:00	开洗衣机洗衣服	
	为孩子明天上幼儿园做准备工作	
20:30	晾衣服	
	哄孩子睡觉	
21:00	准备明天的早饭	

这也是一种"自以为"

认为"洗完衣服，我不晾不行，没人替我晾"。
抛开"自以为"枷锁，可以想出以下主意：

☑ 让孩子帮忙晾衣服
☑ 让老公帮忙晾衣服
☑ 用烘干机烘干
☑ 每隔 3 天请一次家政服务员帮忙洗衣服、晾衣服

等等。

仔细审视自己的时间表，找出自己"自以为"的项目，在旁边写出替代办法。

的照顾。

但是，一次去幼儿园接孩子的时候，顺便进去参观，彻底改变了我对孩子的印象。当我看到幼儿园的置物架和各种收纳场所的时候，瞬间觉得自己以前太小看孩子了。置物架上的物品收拾得很整齐，而且能看出是孩子们自己收拾的，因为物品的放置很符合他们的身高。

另外，玩具收纳场、毛巾架、睡衣叠放处、摆放牙刷牙缸的地方，全都是孩子们自己收拾的，处处整齐有序。老师告诉我，他们完全没有给孩子帮忙。

"原来 3 岁的小孩子都可以做得这么好"，于是我抛弃了"孩

子必须得由大人照顾"的固定思维。

在家里，我在鞋柜中专门开辟出一块空间给孩子，让他们自己收纳上幼儿园需要的东西（图 18）。

上幼儿园需要的物品——手帕、帽子、毛巾，全都放在鞋柜里。而且，根据孩子的身高给他们分配适当的鞋柜空间，正好和他们视线的高度吻合，收拾起来更加方便。每天晚上，都是孩子们自己准备第二天上幼儿园要带的物品。而每天下午放学回家

图 18　　**鞋柜中给孩子留出的一部分空间**

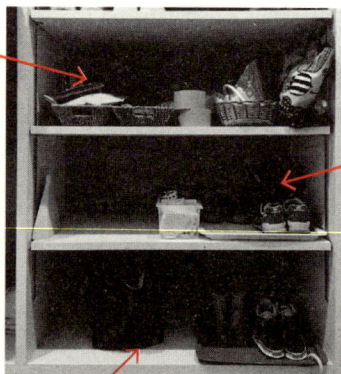

最上面一层是大人的空间，放了我的亲子笔记本、印章、钥匙、去公园散步带的包（装有尿不湿、防晒霜、雨伞等）。随手用的物品放在玄关的鞋柜里，取用非常方便。

第二层是哥哥的空间。左侧放幼儿园的书包和帽子。透明的收纳盒里放干净的手帕、袜子。还有一套迷你扫把和簸箕，脏了由他自己打扫。

最下面一层是弟弟的空间。因为弟弟还小，他日常所需的物品和哥哥有所不同，一般就是尿不湿、毛巾、替换的衣服等。用一个袋子就可以装下这些东西。当弟弟不再用尿不湿的时候，又可以省出不少空间。

后，孩子们的第一项工作就是把当天用过的脏手帕、毛巾放到洗衣篮里，然后自己洗手。这已经成为他们回家后的程式化工作。

上幼儿园的准备工作交给孩子们自己完成之后，我又省出了很多时间。当然，我每天还是要给鞋柜中补充洗干净的手帕、毛巾等，但这些工作不会占用我太多时间。

另外，关于孩子喝水的问题，我也想到了解决办法。以前，他们喝水都是我来喂，每天喂很多次，加起来还是要花不少时间。现在，我买来儿童专用水壶和水杯，放在孩子们够得到的地方，他们口渴时就自己倒水，自己喝。

一开始，孩子们可能还不熟练，总把水洒得到处都是，但经过几次练习之后，就基本上能够自理了。这样一来，不仅我做了时间减法，也锻炼了孩子自理、自立的能力。

前面列举了我在工作、生活中打破"自以为"的枷锁，成功做时间减法的例子。读者朋友们也应该去发现自己的"自以为"枷锁，鼓起勇气打破它，放开手脚去解放自己的时间。

》》 应用技巧 2. 紧急但不重要的事情，更应该做减法

在做时间减法的时候，"紧急但不重要的事情"是最应该减

掉的。

有一本非常畅销的人生规划书——《七个习惯》。书中介绍的"第三个习惯"是"永远优先处理重要事项"。对于"使用时间的方法",作者用"重要·紧急"四象限进行了分类评估。

一般人容易把紧急的事情放在首位,而紧急的事情中有不少并不重要。可实际上,我们应该把更多的时间和资源用在"不紧急但重要的事情"上。

这个四象限评价系统比较著名,估计很多朋友都有所了解,但在现实工作、生活中,善于应用它的人就不多了。

实际上,在我们做时间减法的时候,这个四象限评价系统也有重要参考意义(图19)。

在管理自己的时间使用方法时,最应该注意的就是"紧急但不重要的事情",这是做减法的重要对象。这些事情经常出现在我们的时间表里,也是我们自以为不能减的代表项目。

在做时间减法的时候,如何掌控"紧急"事项,是一项非常重要的技能。

图 19	重要性与紧急性的四象限评价系统

	不重要	重要
不紧急	✕ 打发无聊时间 漫无目的地看电视 见不想见的人 做没有目的的事 ▼ 应该减掉	○ 健身 陪伴家人 自主做职业规划 ▼ 对人生很重要
紧急	临下班有客户来访 上司紧急要求制作 一份文件 孩子突然发烧 ▼ 都是应该做减法的事项 (=制定减法体制， 减少应对时间)	与客户发生纠纷 本人突然生病 灾害、事故 ▼ 根本不需要考虑， 必须马上采取应对措施

在四象限当中，找到那些"紧急但不重要的事情"。

在"重要·紧急"四象限中,为什么我们不把注意的焦点放在右下角的"重要且紧急"的事项上呢?因为"重要且紧急"的事情发生频率非常低。公司办公室失火了、把客户的重要文件弄丢了、孩子被急救车送到医院去了……类似这种重要且紧急的事件,恐怕一年之中也发生不了几次。而且,这些事情不是我们能控制的,所以只要事先做好应对方案,就不用对其花太多心思。该发生的总会发生的。

但是,"紧急但不重要的事情",在我们日常工作、生活中是经常发生的。

- 上司突然命令我做一份紧急文件。
- 幼儿园老师打电话通知我孩子发烧了。
- 马上就要下班了,可是客户突然来访。

类似的事情几乎每天都会发生。遇到这样的事情时,大家都是怎么应对的呢?

这些事情,重要程度不至于左右我们的人生,可是很紧急,要解决它们还得花不少时间。对此,我们要制定一套体制,想办法对它们做减法。

接下来我以上面举的三件"紧急但不重要的事情"为例,给大家讲解应对方案。

"紧急但不重要的事情"如何做减法：

☐ 上司突然命令我做一份紧急文件。

△ 平时和上司沟通好，让上司清楚，如果下午 3 点以后让我临时做文件的话，当天做不出来的可能性非常大。

☐ 幼儿园老师打电话通知我孩子发烧了。

△ 事先制作好每天去幼儿园接孩子的人员排班表〔比如，夫妻轮流接孩子，每人一天。或者请保姆接孩子，同时也要事先沟通好，如遇紧急情况（孩子突然生病等），保姆能否随时去接孩子〕。事先给孩子多办几家医院的就诊卡，保证生病时有更多的选择。如果自己不得不离开公司去接孩子，要让上司和同事知道自己的工作该如何衔接（比如，平时多对上司和同事公示自己每天的日程表，把文件保存在大家都可以找到的地方，等等）。

☐ 马上就要下班了，可是客户突然来访。

△ 日常沟通中告诉客户，要来公司拜访需要提前通知，否则有可能扑空，因为自己常有外勤工作。另外，对于正在进行的工作项目，要经常向客户汇报工作进展，让客户心中有数。同时也要把工作进度报告给上司，以便自己不能接待客户的时候，上司可以处理。

大家可能觉得这些都是理所当然的事情，但在日常工作、生活中很少有人能够做周全。尤其是在做时间减法的时候，一定要有意识地事先和相关人员进行仔细沟通，以便制定遇事时的应对方案。

尤其是自己一个人无法应对的情况，比如孩子突然生病，要接他去看病（因为要请假，需要其他同事衔接自己的工作），以及客户突然来访等情况。一定要事先和相关人员沟通应对方案，提前安排好"如果发生 ×× 应该 ×× 做"。

我以前在工作中经常被"紧急任务"折磨，当时没有预案，也只能硬着头皮接下"紧急任务"。但这样一来，所有计划都被打乱，结果不得不花更多的时间来处理剩余工作。

但只要我们事先建立起应对机制，做好充分准备，被"紧急但不重要的事情"剥夺时间的可能性就会降到最低限度。所以，平时我们一定要注意建立预备机制，以防发生意外情况时手忙脚乱。

》》 应用技巧 3. 用"行动"来把握时间

如果要进一步深挖做时间减法的技巧，那就涉及对时间的把握方法。我们不应以"状态"来把握时间，而应以"行动"来把握时间（图 20）。

图 20　以"行动"来把握时间

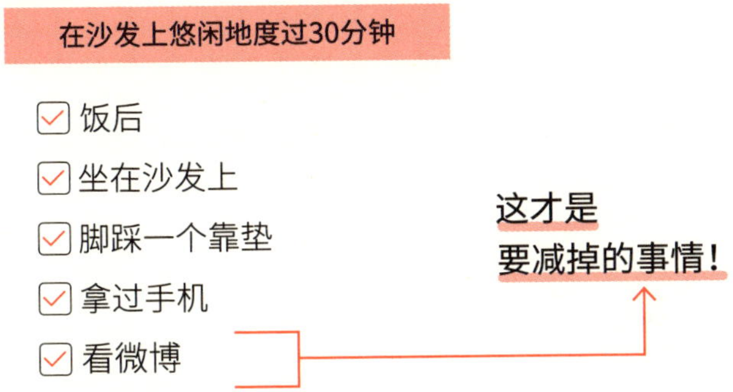

在沙发上悠闲地度过30分钟

- ☑ 饭后
- ☑ 坐在沙发上
- ☑ 脚踩一个靠垫
- ☑ 拿过手机
- ☑ 看微博

**这才是
要减掉的事情！**

再啰唆一遍，对于自己想要减掉的时间，一定要将其详细分解成具体行动，
然后在其中找到真正应该减掉的行动。

对于我们想要减掉的时间，不要含糊地以状态来把握，而应该把这段时间分解为具体的行动来把握，并在此基础上做减法。具体例子如下：

　　×　在沙发上悠闲地度过 30 分钟

　　○　用蓝色马克杯沏一杯可口的咖啡，躺在沙发上，看 30 分钟 ×× 电视剧

错误的做法是把这 30 分钟笼统地概括为一种"悠闲"的状态。而正确的做法是把这 30 分钟里要做的事情具体分解开来把握。

"在沙发上悠闲地度过 30 分钟"，不同的人对这句话可能有不同的理解。"在沙发上"，是坐还是躺？"悠闲地度过"，

怎样才算悠闲？"度过 30 分钟"，是喝啤酒，看电视，还是玩手机？不同的人理解的"悠闲"肯定不同。

如果以笼统的状态把握时间，那么在做减法的时候也容易做成抽象度很高的减法，比如"这 30 分钟只要不在沙发上，做任何事情都可以"。

做这种不明不白的减法，可能根本没法把时间用在有效的地方。

如上例，假设"在沙发上悠闲地度过 30 分钟"实际是指"坐在沙发上用手机看 30 分钟的微博"。

这样一来，如果做减法的话可能变成"在其他地方看 30 分钟微博"。试问，这样的减法有什么意义呢？

"在沙发上悠闲地度过 30 分钟"，这 30 分钟到底包含了哪些行动？我们一定要进行详细分解，然后才能找出真正应该减掉的行动。

比如，我们可以将其分解为"饭后坐在沙发上，脚踩一个靠垫，拿过手机看微博"。

通过如此详细的分解，我们可以发现"在沙发上悠闲地度过 30 分钟"并没有什么错，而"看微博"才是我们真正想减掉的行动，因为花 30 分钟看微博是一种时间浪费。

再比如，我们通过时间减法把"看微博"替换成"看书"，那这 30 分钟就变成了有意义的时间。同时我们可以发现，"坐在沙发上"看书没有任何问题。

当我们把时间的内容，即这段时间我们的行动明确化之后，做减法就更加精准、更加简单了，也更容易长久坚持。

再给大家讲一个我自身的例子，我将"每天早晨梳妆打扮的时间"进行详细分解后，发现其中"穿丝袜的时间"是我想做减法的。穿丝袜在我看来真的很麻烦，首先花费的时间远超想象，其次一旦丝袜脱丝或者被刮破，就不得不换一双新的。在忙碌的早晨，穿丝袜这件事真是经常引起我焦躁的情绪。

穿上一条连裤丝袜，我需要 2~3 分钟，而且只要是上班的日子就得穿，感觉很烦。但我为什么如此讨厌穿丝袜呢？我思考了一下原因。结果发现，不仅穿丝袜的过程令我抓狂，穿了丝袜之后还会给我带来一系列的麻烦。比如，在公司如果不小心把丝袜刮破，或者丝袜脱丝，就不得不去卫生间换一双新的。再有，穿了丝袜就得穿高跟鞋，穿高跟鞋很不舒服，对身体的多个关节还有危害。所以，我如果减掉穿丝袜这件事，也就可以减掉穿丝袜附带的一系列麻烦事。这样我便可以挤出更多的时间。

将时间内容分解成具体的行动，关注具体行动，找到其中想减掉的项目。减掉一项也许只能减少几分钟，但如果这件麻烦事还有一系列的连锁反应，那我们也就减掉了后续的一系列时间。

进一步讲，学会将时间内容分解成具体行动之后，我们还会发现，自己对讨厌的事情变得特别敏感，能够敏锐地捕捉到自己不喜欢的事情。培养出这种敏锐性的好处是可以帮我们减少很多莫名其妙就花掉的时间。还能让我们有意识地避免做自己讨厌的事情，转而把时间和精力花在自己喜欢的事情上。

将时间内容分解成具体行动，可以提高我们对时间使用方法的解析度，从而消除那些容易引起焦虑的行动。只要减掉那些自己讨厌的事情、不擅长的事情、不想做的事情，换个角度看，就是增加了让我们感到幸福、愉快的时间。

虽然我讲的是做时间减法的技巧，但其实这也是改善生活方式的重要技巧。大家一定要通过"细分成具体行动"的技巧做减法，这样就可以省出更多时间用来做加法。

》》应用技巧 4. 敢于冒险

要想快速推进时间减法，也有一些"冒险"的方法。

最初，当我们产生"想为自己创造时间"的念头时，就先从一天中最长的一段时间——"工作时间"开刀。但是，一开始就从工作时间这块"硬骨头"啃起的话，会有一定的风险，也要付出一定的代价。首先，"时间可视化→做减法"的过程，就需要花费一定的时间；其次，一下子减得太多，日后也容易发生"时间反弹"。

不过，很多读者朋友之所以会买这本书来读，就是因为长期烦恼于"工作量之多"与"工作时间之长"。为了解决这些朋友的烦恼，我们不妨冒点险，就从工作时间下手。下面就为大家介绍极速推进时间减法的技巧。

要想极速推进时间减法，该怎么做呢？我的回答很简单，就是将"锦上添花的事情全部停掉"，为自己增加时间。拿我个人来说，在工作时间内我基本上可以把工作做到80%的程度。以前经常感觉时间不够用，是因为非要把80%做到100%。

而且，在这些工作中"锦上添花的工作"比较多。所谓"锦上添花的工作"是指"做了更好、不做也可以的工作"。例如，补充详细数据、把PPT修饰得更美观、制作预设问题集锦等。大家肯定也会觉得，做了这些锦上添花的工作后，别人会说："啊！把工作做得这么完美，他真是太优秀了。"这种赞美带来的心理满足感让人对"锦上添花的工作"总是难以割舍。但是这样要花费很多时间。于是，我决定无视别人的看法，只把工作做到 80%，停掉所有锦上添花的工作。

和金钱不同，时间是有限的。每个人一天都只有 24 小时，我们没有时间把所有事情都做到 100%。

当然，只做到 80% 也是有风险的。例如"详细数据不充分的话，自己编写的文件质量可能会受到影响，从而使自己在同事中丧失威信"。

我也知道这种风险的存在，所以在制作文件的时候，我先从公司内部文件开始，尝试只做到 80%，然后观察一下周围人的反应。因为是公司内部使用的文件，即使出问题造成的损失也不会太大，这样的风险我能够承担。我提交的文件完成度只有 80%，能够通过最好，如果被上司指出问题，我再修改也来得及。我判断，这样的尝试应该可以减少自己制作文件的总体时间。于是我开始实施。

结果，我的猜想得到了事实的验证。我提交了完成度为 80% 的文件之后，没有任何人对我的文件提出异议。于是，我从此改变了工作的态度。

完成度为 80% 的实战案例：

- 制作文件只要完成度达到 80% 就提交给上司看。

- 对照时间表检查每小时的工作内容，按照优先度排序，尝试将排名最后的两项工作减掉。

- 对每天带回家做的工作内容进行记录，一周后查看这些工作记录，找出其中"锦上添花的工作"果断停止，以后类似的工作不带回家做。

以上只是我自己在工作中的一些例子，我想有些读者朋友的工作可能要比我辛苦一些、严格一些。但不管怎样，您肯定也在无意识之间为"锦上添花的工作"花了不少时间。当您需要极速推进时间减法的时候，就要找出那些"锦上添花的工作"，并在可承受的风险范围内减掉它们。

"想要得到某些东西，就必须付出相应的代价。"不下定决心走出舒适区，就无法改变现状。

有些朋友面临的状况比较紧急。"不马上做时间减法的话，感觉自己就要累死了，可能必须得辞职了。"这样的朋友，一定要下定承担风险的决心，去勇敢地挑战时间减法。

到这里，关于时间减法的技巧就介绍完了。减法是"减 & 停"，是"重新选择"，这对很多朋友来说，难度意外地高。但只要有节省时间的意愿，有坚定的决心，循序渐进地实践我教您的方法，您一定能成功。

下一章我们就要进入"时间加法"的环节。

使用时间的方法，其实就是我们的"生活方式"。减法做完，咱们一起来做加法吧！

第四章总结

- ☑ "时间减法"是对"人生优先度"的重新选择。
- ☑ 抛弃"不做就不行"的"自以为"枷锁。
- ☑ 通过制定体制减掉"紧急但不重要的事情"。
- ☑ 通过具体"行动"来把握时间。
- ☑ "锦上添花的事情"全部停掉。

让人生丰富多彩的时间『加法』

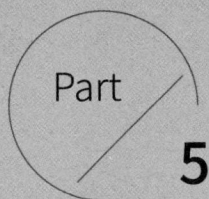

即使还不清楚自己具体"想要成为什么样子"，至少要确定大体前进的方向，然后把重要的时间花在这个方向上，这才是"时间的加法"。朝着自己想去的方向前进的途中，所做的每一件重要的事情，都是在"为人生打下标记点"。

01 / 时间加法"为人生打下标记点"

前面讲过，时间减法是对人生优先度的重新选择，时间加法则是"人生的选择方法"。比如，我们通过时间减法节省出一天时间，为了将这一天过成"理想的一天"，我们就必须用时间加法打下一些"标记点"。

所谓"打下标记点"，是指根据自己的价值观，在人生中加入重要的事情。无数个"现在"累积起来，就构成了我们的整个人生，那么每个"现在"我们都应该争取做最重要的事情。

但是，如果我问您，什么事和时间对您来说才是最重要的？恐怕很多朋友都无法马上回答上来。

7年前的我也是这样，有人问我："你觉得什么最重要？你想过怎样的人生？"我也没法马上回答上来。甚至经过一番思考，我也给不出清晰的答案。

现在，我可以回答出"大体的方向"。对我来说，最重要的是"家人、思考能力、好奇心和健康"。

再具体一点的话，"我想和周围30个人维持适度的社交，同时学习自己感兴趣的东西,保持健康的身体和健全的思考能力,对收入没有不安感,度过愉快的人生"。

不过,自己也好,身边的环境也好,每天都在发生变化,即使现在觉得这是最适合自己的目标,也许明年就不适合了。但是,我们至少应该清楚自己想要去的大方向。

即使还不清楚自己具体"想要成为什么样子",至少要确定大体前进的方向,然后把重要的时间花在这个方向上,这才是"时间的加法"。朝着自己想去的方向前进的途中,所做的每一件重要的事情,都是在"为人生打下标记点"。

有关"人生的标记点",最有名的例子来自美国苹果公司的联合创始人史蒂夫·乔布斯。乔布斯在 2005 年斯坦福大学毕业典礼上的演讲中讲了他人生中有关"连接点"的故事。

乔布斯说:"人无法预测未来,不能预先把人生的点点滴滴串联起来,唯有在未来回顾过去的时候,才能明白那些点点滴滴是如何串联在一起的。"乔布斯在大学时代选修了一门与计算机完全不相关的"书法课"。但没想到,正是因为学了书法,他才在后来创造出了拥有漂亮字体的 Mac 电脑。

也就是说,我们现在所做的事情也许不会在短时间内见到效果，但我们要相信它在未来会有作用，并且要积极地想办法让它在未来与其他标记点联系起来。

重复一遍，所谓"时间加法"，就是为人生"打下标记点"。我们现在每天所做的事和为此花的时间，就是在漫长的人生道路上打下的一个个标记点。

这些点没准在未来的什么时候就会连成线，当然也有可能无法连接起来。

但是，现在不打标记点的话，未来是无论如何也无法连成线的。

当然，我并不是鼓励大家都要去做乔布斯那样了不起的事业。大家只要按照自己的理想、目标、节奏生活就很好。我想强调的是，现在我们要弄清"自己最重要的事情""最让自己满足的事情"，并为这些事情花更多时间，这就相当于在人生中打下标记点。这些点也许在未来会连成对自己有用的线。

我在大学学的是心理学专业，毕业后找的工作却和我学的专业一点关系都没有。因为我对去企业工作更感兴趣。

从这个结果上看，似乎大学学的心理学的"点"无法和企业的工作连成"线"。但是，毕业十多年后的现在，心理学知识对我教育孩子有很大帮助，而且，我会写一些心理学方面的文章发表在社交媒体上。

　　另外，读书和练瑜伽是我非常热衷的兴趣爱好，看似对我的工作没什么用，但实际上它们帮我这个职业妈妈解决了很多职场中的烦恼。我在读书、练瑜伽的时候，就是在为自己的人生"打下标记点"，而后来，它们都连成了线，给我带来了很大的帮助。

02　为实施时间加法，现状和理想的差距很重要

朋友们，用语言把自己想加的时间表达出来吧。

首先，把您认为的"一天 24 小时最理想的度过方式"写出来。但有以下 3 个条件：

① 无视做不到的理由。

② 以 24 小时可以按自己的喜好随意使用为前提。

③ 写好后不给任何人看。

把"理想的 24 小时"写好之后，再写出现状与理想的差距。最后，思考为了弥补这个差距自己该怎么做，并写出来。即使想不出该怎么做，至少也应该把感想写出来（图 21）。

按照上述顺序绘制一张图表，就可以用清晰的语言将自己"理想的一天"描绘出来。也可以找到对自己来说重要的事情，比如"我更重视和家人一起度过的时间""我喜欢读书、练瑜伽时独处的时光"等。

图 21　理想的 24 小时

时间	活动
5	
6	起床
7	冥想
8	叫家人起床　　吃早饭（再喝少量咖啡）
9	看新闻等接收最新信息
10	工作 5 小时
11	思考、输出，以创造性的工作为主
12	
13	吃午饭（认真吃）
14	读书
15	练瑜伽
16	整理家务、准备晚饭等
17	陪放学回来的孩子玩耍
18	吃晚饭
19	和家人一起玩卡牌游戏
20	洗澡
21	工作　以输入型工作为主　　1 小时 30 分钟
22	就寝
23	

现状与理想的差距（1）
现在每天 8～18 点都是工作时间，和理想差距比较大

感想
☑ 如果停止 8～18 点的工作，对收入会有什么影响？
☑ 什么样的职业可以分时段工作？
☑ 想在家里工作的话，什么样的房子合适？

现状与理想的差距（2）
为家务忙得头昏脑涨，根本没时间放松

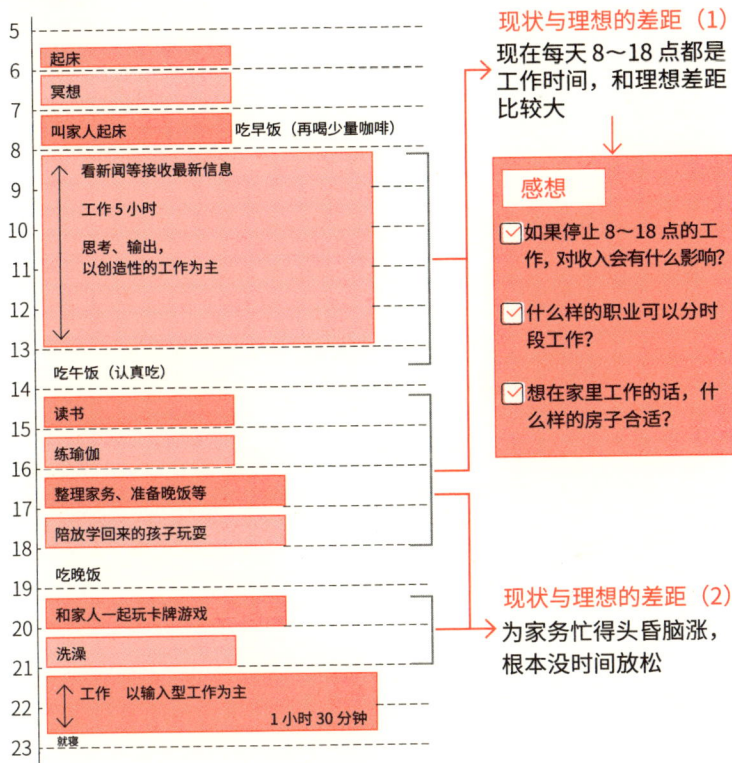

通过这样梳理，我们自然就会思考"为了得到这样理想的时间，需要怎么做？"，并开始关注"现在的生活、现在的时间使用方法"和"理想生活"之间的"差距"。在这个过程中，我们肯定会得到一些填补差距的感想，而这些感想，就是指引我们做时间加法的路标。

我的理想时间：

- 喜欢待在家里。

- 相比于和别人相处，我更喜欢独处（读书、练瑜伽等）。

- 喜欢晚上和家人一起悠闲地享用晚餐。

- 每天理想的睡眠时间是 7 小时。

- 希望每天都有读书、练瑜伽的时间。

- 不喜欢长时间持续地工作，希望能够分时段工作。

现状与理想的差距（1）

现在每天的劳动时间和理想的一天无法契合。

- 因为每天长时间劳动（8~18 点的工作制度），下班回家后的时间非常紧张。

- 因为在家的时间很短，所以很难悠闲地陪伴家人。

▼

感想：

- 现在的工作属于劳动资本型行业，工作时间长、受约束，有必要考虑一下其他类型的工作。

- 可以在家工作的职业值得考虑，另外，可以分时段工作的职业也不错，能够保证在家陪伴家人的时间。

- 如果突然辞去现在的工作，收入会受到很大影响。现在应该计算一下家庭每月的最低固定支出。

- 暂不辞职，同时尝试其他的挣钱方法。

现状与理想的差距（2）

理想中想做的事情（读书、练瑜伽），平日里根本没时间做。

- 下班回家后就被家务缠身，尤其是傍晚这段时间，忙得不可开交。
- 虽然有自己想做的事情（读书、练瑜伽等），但现实中根本没时间去做。

▼

感想：

- 为什么傍晚回家后会陷入家务缠身的状态？
- 因为长期睡眠不足（不足 7 小时），在这种状态下，与兴趣爱好相比，肯定优先选择睡觉。
- 怎样才能赚到买书的钱，挤出读书的时间？现在我没有一个赚钱和挤时间的体制。
- 自己瑜伽练得不错，如果能教别人的话，是不是可以获得一定的额外收入呢？

我对自己的感想和相应的对策进行了梳理，整理如下。

感想和对策：

○ 现在的工作属于劳动资本型行业，工作时间长、受约束，有必要考虑一下其他类型的工作。

→利用通过时间减法挤出来的时间，每周 3 次调查除"劳动资本型"以外还有什么样的职业。

○ 可以在家工作的职业值得考虑，另外，可以分时段工作的职业也不错，能够保证在家陪伴家人的时间。

→ 为了寻找能够在家工作的职业，先找时间来梳理自己的职业履历，寻找可能性。

○ 如果突然辞去现在的工作，收入会受到很大影响。现在应该计算一下家庭每月的最低固定支出。

→ 详细计算家庭每月固定支出。每天花点时间来记账，和丈夫商量一起使用记账 APP，记录每天的花销。

通过梳理，可以清晰地找到现状与理想之间的差距，同时也可以看清弥补差距所需要的行动。为这些行动所付出的时间，应该算入"时间加法"。

几年之前，我写下了自己理想的 24 小时的过法，并和当时的状况进行对比，发现差距巨大。但在这个过程中，我也对自己的时间使用方法有所感悟，制定了一些对策。再看现在，我已经基本过上了理想的生活。因为几年前察觉到现状和理想的差距之后，我就开始不断通过时间加法来填补差距，直到最后让现状和理想完全没有了差距。换句话说，就是理想已经实现了。

把自己理想的一天写出来，是为了看清自己"目标的方向"。有了目标，我们就会主动去寻找实现目标的"手段"和"路径（地图）"。在向目标前进的过程中，我们按照理想去使用时间，这便是时间的加法。

也许还有朋友会怀疑，把理想的一天写出来，就有那么大的作用吗？实际真有那么大的作用。把自己的理想用语言表达出来，并写在纸上，就相当于给自己的人生做了一个"预言"。社会学家罗伯特·K.默顿提出一种学说叫作"预言的自我实现"。默顿认为，人类有一种特性，即"为了实现预言，人会自动选择朝预言方向前进的道路，从而一步一步将预言变为现实"。

加出来的时间会成为"对自己未来的预言"

原本，我是很喜欢当一个普通职员在公司上班的。我觉得自己的工作挺有意思，待遇也不差。另外，生了孩子之后，家人并不反对我继续工作，所以，虽然再去工作时间变得非常紧张，但我依然想这样一直工作下去。

可是，当把自己理想的一天（人生的目标）写出来之后，我发现如果自己一直按照现在的"时间使用方法"过下去，是绝没有可能接近"理想人生"的。

于是我开始思考，如何才能让理想的一天变成现实呢？结果我把重点聚焦在"一天时间中占比最多的工作时间"。我想我应该调整工作内容，让工作内容的搭配变得更加合理。

当时的我只有"劳动收入（自己不劳动的话就没有收入）"，我想我应该再建立一些"即使睡觉也有收入"的机制。

为此，我开始思考如何将减法节省出来的"余白"时间填满。

我开始做调查，调查除"劳动收入"以外还有哪些方法可以赚钱。通过读书、上网查询、咨询朋友，我收集了很多可以"躺着赚钱"的方法。

在一天24小时中，我每天只用30分钟做调查，调查本身就是一种时间加法。收集到足够的情报之后，我准备选择其中适合自己、自己能做到的项目开始实施。通过实践加法一点点弥补现实与理想的差距。

最后，我选择了房地产租赁业。因为在这个行业里我即使不用花时间付出劳动，也可以赚钱。这样一来，可以让我朝理想的一天不断靠近。

除了投身房地产租赁业之外，我还开始学习股票和信托投资，想办法让钱自己生钱。

另外，为了不依赖工资收入，我尝试通过其他挣钱手段来填补每月3万日元的买书费用。比如，我开始尝试教人练瑜伽，还在语音平台上发布语音作品，等等，通过这种"打下标记点"的方式做时间加法。

结果，到了现在，我已经实现了当初写下的"理想的一天"。能得到这样的好结果，是因为我通过时间减法积攒出了每天1~1.5小时的个人时间，然后再朝着理想一点点做时间加法。

并没有什么其他的特殊方法。

　　当然，在写出自己"理想的一天"时，肯定有朋友认为"自己绝对没有可能实现理想"。当初的我也没有自信，感觉"自己的现状和理想之间的差距实在太大"，恐怕只有退休之后才有可能过上理想的生活吧。

　　要想立刻实现理想，肯定是不切实际的，但如果能每一天控制自己的时间使用方法，一点点向理想靠近，那总会在未来的某一天实现"理想的一天"。不断流逝的时间本身就是我们的生命，而使用时间的方法则是我们的生活方式，我们在做时间加法的同时，一定要意识到这就是为自己的生命做加法。

　　时间加法坚持 1 年、2 年之后，您的人生、生活方式，就会发生很大的改变。

04 | 不思考自己的人生，就无法描绘出 "理想的一天"

听到我说"请把您理想的一天写出来"，我猜肯定有朋友会说："我写不出来。"也有的人会说："我想写，可头脑中没有一点思路。"

我们每天都被工作、金钱、孩子等问题缠绕。即使让您"按照您心中所想，描绘出自己理想的一天"，恐怕您多半也会"想到的都是工作，没法自由地想象自己的理想生活"，要么就是说"每天得照顾孩子，没时间管自己……"。

如果都不敢想象自己想过的生活，那么这样的人恐怕平时也没有余力思考自己的人生。现实就是如此残酷。最终，这样的人会活成别人给他安排的角色，过完别人给他设计的人生。

作为一个人，我们不能说"没想过"。而且，人该怎么使用自己的时间，只有自己能决定。

　　我们长大成人后，就不会再有人追问我们："你想做什么？你想过怎样的人生？"时间是人生中有限的资源之一。有限的、宝贵的、只属于自己的时间，如果自己竟然不知道该怎么用，那未免太可惜了。这样的人，说明他没有认真思考过自己的人生。

　　如果您一边迫切地想"如果再多一点时间就好了"，一边又没法清晰地描述自己"理想的一天"，那么您就没有办法做时间加法，为自己的人生增色添彩。

　　时间加法实际上是一种选择，就是在认真思考人生的基础上，描绘出自己的理想，然后为了实现理想而选择时间的使用方法。

　　如果到这里您还无法清晰地描述自己理想的一天，那请您翻回去重新学习时间减法的应用篇。

　　使用做时间减法的技巧，先确定自己不想做的事，然后通过"不想做的事的反面就是自己想做的事"这一原理，找到自己人生中重要的事情。

　　没有人能告诉我们，也不可能替我们决定"自己讨厌做哪些事、喜欢做哪些事"，所以我们只能向自己的内心找答案。在不断追问自己的过程中，我们头脑中探索"时间使用方法"的天线会越来越敏锐，最终，我们将掌握选择最佳时间使用方法的本领。

05 / 做时间加法的技巧

接下来我就为您介绍做时间加法的技巧。时间加法与时间减法不同，需要"反复试验直到适合自己""持续"和"反思"。

只有在不断试错、修正、反思的过程中才能掌握做时间加法的技巧。

》》》 1. 用小行动来一点点补足差距

通过将自己理想的一天具体写出来，我们首先可以看到现状与理想的差距，其次肯定可以从中有所感悟。而这些感想正是要做加法的项目。

在讲做时间减法技巧的时候我讲过，要尽量把想减掉的内容分解为具体的行动。同样，时间加法也需要将想要加上的内容分解成具体的行动（图22）。

举例来说，不要笼统地说"我想在沙发上悠闲地待一会儿"，而应该将这段时间的行动具体化，如"我想坐在客厅的沙发上，喝着自己喜欢的红茶，用 Kindle 读书 30 分钟"。

图22　将加法项目细分成小行动

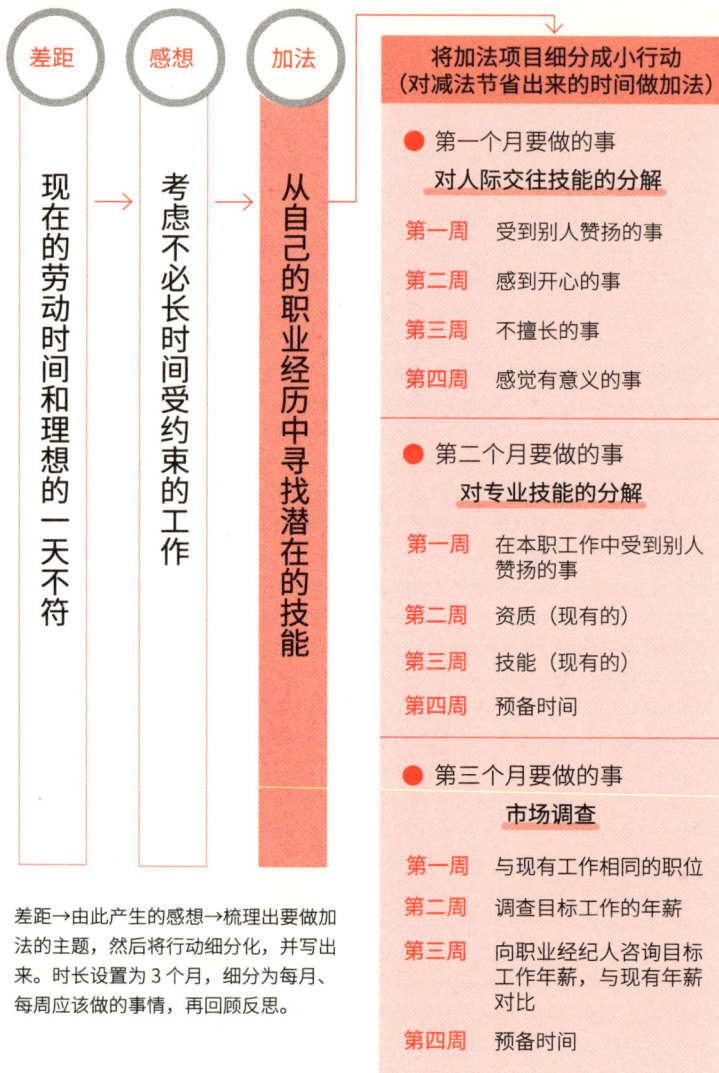

| 差距 | 感想 | 加法 |

将加法项目细分成小行动
（对减法节省出来的时间做加法）

现在的劳动时间和理想的一天不符 → 考虑不必长时间受约束的工作 → 从自己的职业经历中寻找潜在的技能

● **第一个月要做的事**
　　<u>对人际交往技能的分解</u>

第一周	受到别人赞扬的事
第二周	感到开心的事
第三周	不擅长的事
第四周	感觉有意义的事

● **第二个月要做的事**
　　<u>对专业技能的分解</u>

第一周	在本职工作中受到别人赞扬的事
第二周	资质（现有的）
第三周	技能（现有的）
第四周	预备时间

● **第三个月要做的事**
　　<u>市场调查</u>

第一周	与现有工作相同的职位
第二周	调查目标工作的年薪
第三周	向职业经纪人咨询目标工作年薪，与现有年薪对比
第四周	预备时间

差距→由此产生的感想→梳理出要做加法的主题，然后将行动细分化，并写出来。时长设置为3个月，细分为每月、每周应该做的事情，再回顾反思。

时间加法的项目也要这样分解成具体的小行动。

例如，喝水这一行为，可以细分为"从冰箱里拿出一瓶矿泉水，拧开盖子，把水倒入杯子里，用杯子喝水"。

像这样，把一件事细分为若干具体的小行动，每达成一项就可以获得小小的成就感。

这样做虽然无法短时间内看到巨大的变化，但突然的巨变往往无法持久，很容易反弹。做时间加法最重要的是将目标项目细分成若干具体的小行动，一步一步实施，在不断积累的成就感之中向目标持续靠近。

假如我们把"重整家庭财务状况"作为时间加法的项目，那么，绝无可能一天之内就完成对家庭财务状况的重整。

为了重整家庭财务状况，我们需要把握各种收入和支出的具体情况。要想尽量减少固定费用的支出，就需要花时间调查各项支出的具体数字（保险、汽车相关费用、水电煤气费、电话费、信用卡使用情况等）。

即使每天花 30 分钟做这项时间加法，我觉得至少也要持续做 1 个月。否则，根本不知该从何处下手调整家庭财务状况，不知该控制哪项支出，也不知该控制多少，目标是多少就更没数了。

但要将这个时间加法项目拆分成小行动的话，就可以变成"本周用 30 分钟 ×5 天（工作日）的时间，先查清各项支出的具体数目。周一查生活费，周二查固定费用，周三查为孩子花的费用，周四查回老家等情况发生的临时费用，周五查娱乐费用"。

这样一来，每天都能收获"我又完成一项任务"的成就感，这样的小成就感积累多了就会增强我们的自我效能感（自信的力量）（请参照第 73 页）。

分步前进的好处：
① 容易长期坚持。
② 可以调整整体的行动。

另外，将整体行为细分成小行动还有两个好处：
① 遇到失败可以马上进行修正。
② 随时回顾反思，以免忘记初心。

再举个例子，假设我"理想的一天"中包含"为保持身体健康而做运动的时间"。于是，我决定每天不坐地铁，而是走路上班。

可是，坚持两周后，我觉得走路上班实在太辛苦了。
"走路上班太累了……也许这样锻炼不适合我。但既然这

是自己做的决定，还是再坚持一下吧，也许再走几天体力就
好了。"

就这样继续咬牙坚持着，可是有一天早晨下雨了，借这个机
会，我就停止了步行上班的计划。以后不用说，我再也没有走路
去上班了。

可是，这样的经历带给我的是一种挫败感——"自己制订的
计划却没有坚持下来"。因为没有达成走路健身的目的，自我效
能感也随之降低。

为了避免这种情况的发生，当我们遇到挫折的时候，应该及
时修正计划。

"全程走路去公司太累了，我应该半程坐地铁，剩余的半程
走路"，或者"一开始先不走路上班，先利用地铁站和公司的楼
梯作为训练工具，不乘电梯，改爬楼梯"。修改计划，先从自己
能做到的事情做起。

也可以改变整体行动计划，根据最初的目的重新制订行动
计划。

原本，我的目的是"为保持身体健康而做运动"，"走路上
班"只不过是保持健康的手段之一。其实要想锻炼身体，不一定
非得走路上班，我也可以通过练瑜伽、游泳、慢跑等方式进行锻

炼。除此之外，通过改变饮食习惯、保证充足的睡眠，也可以让身体保持健康。

比如，我可以将保健计划变更为"一开始我在一天的生活中加入了走路上班，但是觉得很累，不太适合我。另一方面，我每天的睡眠时间不足，不如把走路上班的时间改为多睡一会儿。先这样试1个月看看效果"。这样一来，我并不是放弃了走路上班，而是选择改为多睡一会儿。因为这个"变更"是我自己做出的选择，所以不会降低自我效能感。时间加法也能继续坚持下去了。

≫ 2. 提高加法的质量——"常规工作自动化"

前面提到，我们使用"脑力、体力"做时间加法，为了让加的时间有意义，要点是将常规时间中每天必须要做的事情进行自动化。在这里，我们先来分析一下每天的常规时间自己都做了些什么。

首先，拿购买日用品举例。有一部分朋友喜欢逛商场、超市，那他们花时间逛商场、超市去买日用品不算浪费时间。但更多朋友不喜欢逛商场、超市，也没有太多时间。对这样的朋友来说，就应该建立一套"不用去商场、超市也能自动买日用品"

的机制。

现在电子商务这么发达，完全可以通过网购的形式采购日用品，而且会配送到家，甚至可以定期、定时预约配送。拿我来说，我就在生活协同组合（简称"生协"）利用一项名为"随时君"的配送服务，每周定时给家里配送常备蔬菜、肉类、牛奶、大米、纳豆等日常必需品。

除此之外，家里需要每月补充一次的洗发水、清洁剂、尿不湿等日用品，我在亚马逊上设定每月采购。一年只需设定一次，以后就会每月自动定时送货到家。真的很方便。

把定期必须采购的日用品记录下来，并通过网络定期采购、配送，可以节省"大脑内存"，不用总惦记该买什么了。由此节约了大量的精力和时间。

扫除的话，如果使用扫地机器人，就可以省出不少时间。而且，为了让扫地机器人更好地清洁地面，我们还会尽量减少地板上摆放的物品，不经意间又做了断舍离。另外，收拾房间也很累人，主要原因是东西多、杂乱，有效节省时间、体力的方法就是减少家里物品的数量（减少衣服、鞋子的数量最为有效）。减少家里的物品之后，您会发现自己的时间又多了不少，这就是"加法"的功效。

我在休产假期间，专门考取了整理收纳的资格证书（生活组织者一级、整理收纳顾问三级）。有人可能要问了，我为什么要专门花时间来学习整理收纳呢？似乎学这个和理想的一天并没有多大关系。但其实，我觉得整理收纳中蕴含着巨大的能量。

特别是有孩子的家庭，孩子的那部分收纳，也得由家长来承担。整理收纳作为每天的常规工作，极大地压缩了其他时间。

尤其是我，在家里进行整理收纳之后，即使挤出了一点自己的时间，也已经疲惫不堪，多半只想躺平了。

于是，我努力建立一套整理收纳的制度，并且自己修正、维持这套制度。通过专业学习，考取整理收纳资格证后，效果非常显著。我在家里的常规时间做整理收纳变得既省时又省力，这样节省出来的时间，带给我更多的思考能力和体力。

像我这种人，对于没有必要做的事情，是不会主动去做的，但如果有些事情可以提高"时间加法"的效率和质量，那我也会花时间努力去做，考取整理收纳资格证就是其中之一。

〉〉〉 3. 制作"时间加法任务清单"

现在的我，如果有 5 分钟空闲时间，我会使用智能手机的
Kindle 软件读书；如果有 10 分钟空闲时间，我会回复电子邮件，
或回复社交软件中的信息；如果有 15 分钟空闲时间，我会查阅
自己想了解的事物，或者为录制音频做笔记；如果有 30 分钟空
闲时间，我会写 Note 或博客的草稿。像这样，我会事先为短暂
的空闲时间制定"时间加法任务清单"。一旦得到短暂的空闲，
我就会按照任务清单执行，"有 5 分钟的话，我会做……；有
10 分钟的话，我会做……"。

举例来说，在制订家庭收支计划期间，我可能想读一些理财
方面的书籍、开个股票账户……这些想做的事，我就可以列入
"时间加法任务清单"，一旦有空闲时间，就可以去做这些事。

在地铁站等车、在幼儿园门口等孩子放学……可能都会让我
们拥有一段短暂的空闲时间，如果这个时候再去思考"我该用这
段时间做点什么"，恐怕时间一转眼就过去了，还没想出做什么，
这段空闲时间已经从指缝间溜走了。所以，到眼前再思考"该做
点什么"，实在是太浪费时间了。因此应该预先为空闲时间制定
一个"时间加法任务清单"（图 23），遇到空闲时间时，不需思考，

图 23	**时间加法任务清单**

☑ 如果有 5 分钟空闲时间，
　我会使用智能手机的 Kindle 软件读书。

☑ 如果有 10 分钟空闲时间，
　我会回复电子邮件，或回复社交软件中的信息。

☑ 如果有 15 分钟空闲时间，
　我会查阅自己想了解的事物，或者为录制音频做笔记。

☑ 如果有 30 分钟空闲时间，
　我会写 Note 或博客的草稿。

只要按照制定好的清单执行就可以了。

顺便强调一下，这个任务清单并不是打发空闲时间的任务清单。将这几分钟或者几十分钟的空闲时间利用起来，会对我们的未来产生重大帮助。所以我们要利用这些时间做有意义的事情。虽说空闲时间都是零散分布的，但它们同样是具有连续性的加法时间，就看我们怎么利用它们。如果我们把这些空闲时间过得很有意义、很充实，那么，这 5 分钟、10 分钟的短暂时间段，也会成为我们生命中重要的、闪光的时间点。闪光点积累多了，我们的整个人生不也就闪闪发光了吗？

》》》 4. 定期"维护"

为提高时间加法的质量，我们需要常常"回头看"，对自己的时间加法进行"维护"。

怎么维护呢？主要是审视"时间加法项目"是否能够弥补现状和理想之间的差距。

做维护的时机有 3 个。

维护的时机：

① 定期进行（例如，每月 1 次）。

② 进展不顺利时（例如，没有意愿去做时间加法的时候）。

③ 一个时间加法项目告一段落的时候（例如，考取了某个资格证等使用时间加法实现了小目标的时候）。

只要事先制定好"时间加法任务清单"，您自然而然地就能把握维护时机。

那么具体该如何维护呢？我使用的方法叫作"KPT 法"，当然，这是我自己取的名字。

这是一种回顾审视、加以改善的方法，非常简单。

所谓"KPT"，是"keep（坚持）""problem（问题）""try（尝试解决）"3 个单词的首字母合写。对于时间加法项目，我就是通过这三点思考进行分解、回顾、改善的。

図 24 使用"KPT 法"对时间加法项目进行维护

想考资格证，但干劲稍微差了点

Keep
- ☑ 每天早晨 30 分钟×工作日 (6:00—6:30)
- ☑ 起床后马上坐到书桌前

Problem
- ☑ 早晨学习的时候，孩子可能醒来，影响我学习
- ☑ 学习途中我还会去沏咖啡，影响专注力

Try
- ☑ 提前半小时，改成 5:30 开始学习如何？
- ☑ 让爸爸和孩子一起睡，孩子醒了爸爸可以照顾他们。
- ☑ 前一天晚上睡前把咖啡沏好。

当自己设定的维护时机到来时，用"KPT法"对自己的时间加法项目进行分解、回顾。做得好的地方、做得不好的地方及其原因，就可以清晰地展现在眼前。

　　这个"维护"过程非常重要。因为可以用来做加法的时间毕竟是有限的，如果不能经常反思"如何利用这段时间才能收获更大的成果呢？""如果停止做这件事，会不会更好一点？"，那么，就容易出现手段和目的倒置的情况。

　　大家一定要牢记，把"加法时间"用来做某件事，并不是我们的目的，度过理想的一天才是我们的目的。把每一天都过成理想中的样子，我们的人生也会变成理想的样子，这才是我们的最终目标。

06 仅靠个人的力量无法让时间加法进入良性循环

当我们掌握时间加法的技巧之后，个人可以掌控的时间就会逐渐多起来，利用时间的质量也会不断提高。

渐渐地，我们筛选时间加法项目的水平也会得到提高，而最终实现的项目也会越来越多，与以前相比，每天的生活都感觉充实无比。

以前认为不可能实现的事情，现在通过时间加法，都能实现了。

要想让时间加法的"良性循环"运转起来，我们一定要牢记一件事情——"要想走得快，一个人走；要想走得远，一群人走。"这是一句非洲谚语。

当人们相互帮助、协作的时候，就可能"到达自己一个人无法到达的世界""看到理想的彼岸"。所以，要想超越个人的界限，走得更远，就需要与人协作。

以前的我一直认为"向别人寻求帮助，是给别人添麻烦，不是一件好事"。因此，一天 24 小时的安排，全靠自己去安排，所有的事都由自己完成。

但是，当我通过时间加法不断让自己拥有更多可以自由支配的时间之后，我开始不断碰壁，发现"单靠自己的力量，应对变化的速度很慢，智慧不够，做事情反而会花费更多的时间"。

就在这个时候，我读到了前面那句美国谚语，茅塞顿开。我发现以前的自己认为不能求人，也不给别人求自己的机会，结果，就在自己的周围竖起了高高的屏障，画地为牢，把自己困在其中。

于是，我开始改变自己。我试着"把自己遇到的困难，或者想知道的事情"坦诚地讲给周围的人听，结果，令我感到意外的是，大家都乐于给我"智慧、提示或者帮助"。

实际上，"向别人寻求帮助，对别人进行自我开示，也会赢得别人的好感，对双方来说，会产生'双赢'的感觉，有助于增进人际关系"。这是心理学的研究成果。

要想实现自己理想的时间使用方式，关键点就隐藏在"和别人的联系"之中。

我们要构筑良好的"人际关系"，把一部分通过时间加法拥有的时间再返还给周围的人。

在公司，让其他同事先上电梯。

在幼儿园，让着急的妈妈先接孩子。

同事遇到困难，只要向我们寻求帮助，我们就一定要伸出援手。

不管什么事，能帮到别人就不要吝啬自己的时间。实际上，很多事情都用不了1分钟，只是举手之劳。但事后不要期待别人会对我们有所回报。我们帮别人，不一定非要是多大的忙，这样自己不会产生负担，也不会让别人产生"我必须得回报他"的负担，只是尽自己所能，在力所能及的范围内把自己的时间分享给别人。

即使觉得自己没有什么可以分享给别人的，只要将"自己以前有过的困难或烦恼"分享给"现在有同样困难或烦恼"的人，也会得到对方由衷的感谢。如果再加上自己战胜困难的经验或技巧，那对方就更高兴了。

A→B传递"信息或时间"，B→C传递同样的"信息或时间"，并逐渐推广开去，这种现象在欧美称为"Pay forward（让爱传递）"。

就让我们用通过时间加法拥有的时间，来做"让爱传递"的起点吧！

先从力所能及的事情做起吧！

我就是一个很好的例子。我最初的理想并不是"写书"。我虽然很爱读书，但从没想过自己还能写书。

但是，通过博客、Voicy（有声媒体）来分享自己过去的困难和苦恼，以及改善的经验和技巧之后，我收到了很多读者、听众的感激的反馈——"您的时间管理术对我真的很有用，同样作为职业妈妈，我也鼓起了继续工作、生活下去的勇气！"

甚至有人对我说："您要不要试着写书分享自己的经验？行动起来，试试看嘛！"

我当时还没有自信，觉得自己写不出书来，但这时，又有很多朋友来帮助我，给我智慧，给我指导。结果，我和很多人发生了联系，最后真的写出了令自己满意的书。

我开始行动的时候，并没有想着"我会得到什么样的回报"。我只是把自己作为一个"让爱传递"的起点，使用自己通过时间加法获得的时间，与其他人发生联系，发现了"自己一个人无法到达的世界"，在别人的引领下到达了那个理想的世界。

我怀着与他人发生联系的意识，开始关注周围的人。

结果，我不仅更加重视纵向（上司与部下、母与子）、横向（朋友、同事）的人际关系，也开始重视斜向（与自己没有利益关系的人，比如邻居、孩子同学的父母、有共同兴趣爱好的朋友、网友等）的人际关系。

这种所谓的斜向人际关系，是不分男女老幼，不分背景，由不同价值观的人构成的。

最近，不少企业也开始重视斜向人际关系，开展了不同部门之间的联谊活动，因为这种关系可以提升员工的心理安全感。因为大家没有利益关系，所以发展彼此之间的关系有如下好处：

① 可以坦诚相见。

② 可以听取多样的意见。

③ 可以拓宽视野。

在日常生活中，我们容易忽视斜向人际关系，而只重视纵向和横向的人际关系。尤其是那些不想给别人添麻烦，所有事情都靠自己完成的人，他们更容易以纵横的眼光、以利益的眼光来做判断。

但是，如果开始重视斜向人际关系，您就会和这些人之间形成良性的相互影响的关系，可以增强自己的幸福感。

再进一步讲，重视斜向人际关系，会给我们的生活带来更多幸运的偶然，也就是提高我们发现意外新奇事物的能力。

我们之所以走到今天，有以往的一系列经历，其实就是各种判断、选择、偶遇联系在一起的结果（有计划的偶发性理论）。

不仅要维护好纵向、横向的人际关系，还要重视斜向的人际关系，这样一来，我们生活中的"点"就可能因为"缘分"而连成"线"，我们就会从别人那里得到不同寻常的灵感。

这就是仅靠一个人的力量无法到达的世界，但是在别人的帮助、引领下，我们到达了。

仅靠自己的话，要想实现理想，是可以走得很快，但绝对走不远。

要记住，"和别人的联系"没准是我们实现理想的关键所在。同时，我们也要把目光放在与自己发生联系的这些人身上，我们也要思考，自己可以做点什么来帮助他们实现幸福的人生。

要想让时间加法进入良性循环，我们首先应该敞开自己的心扉，让自己更加开放。把目光投向自己以外的人和事物，才能将时间加法的复利效应更好地发挥出来。

第五章总结

- ☑ 把自己心中理想的一天写出来，找出现状与理想之间的差距。
- ☑ 不积跬步，无以至千里，尽量将日常工作自动化。
- ☑ 事先制定好空闲时间的"时间加法任务清单"。
- ☑ 使用"KPT法"对时间加法项目进行定期维护（回顾、改善）。
- ☑ 重视斜向人际关系，让时间加法更好地运转。

关于时间的问与答

我主要用笔记本来管理未来的时间，换句话说，就是"为了自己的未来而管理时间"。在将时间可视化的时候，我会把"理想一天的时间表"写在笔记本上，根据这个时间表来做减法和加法。

我虽然知道花时间烦恼很划不来，但还是会烦恼。

例如，因为我要接孩子，所以可以正点下班。一天快下班时，一个同事对我说："你能早回家，可真不错。"这时我头脑中的反应是："我并没有早回家，只是按时下班而已……"但心里感觉很不舒服，心想："因为我可以正点下班，是不是同事都开始讨厌我了？"为此我烦恼不已。

如果我能对同事的话置之不理，当然再好不过了，可我就是没办法做到充耳不闻。有什么方法能让自己不烦恼吗？

A 回答 这是一种自我意识太强带来的烦恼。换作我，我知道如果把这个烦恼带回家，利用自己的私人时间为它烦恼就太划不来了，所以我会在回家的地铁上把这件事写出来。

具体的写法是，"你能早回家，可真不错"是同事对我说的话，是事实，我会把这个事实和随后自己产生的感情，以及自己的解释分别写出来。首先，我不对此事抱有任何先入为主的观念，只是把这件事和自己的感觉写出来。

写出来之后，也许就能看出一些端倪。

事实只有一个，随后我产生的感情和解释却有好几个。而且，这些全部是依据我个人的价值观所产生的感情和解释。也许没有办法让我不为此烦恼，但只要把事实和感情、解释区分开来，我可能就会意识到，根本没有必要为这个事实而烦恼。

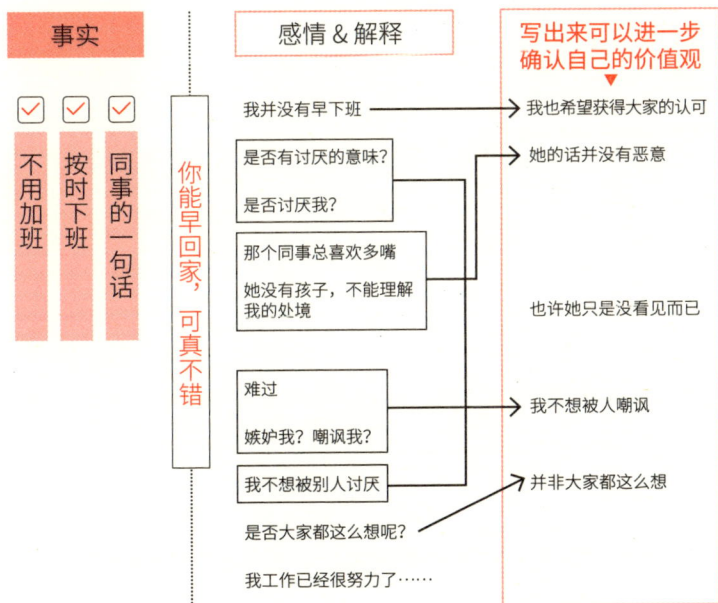

事实	感情 & 解释	写出来可以进一步确认自己的价值观
不用加班　按时下班　同事的一句话	我并没有早下班	我也希望获得大家的认可
你能早回家，可真不错	是否有讨厌的意味？是否讨厌我？	她的话并没有恶意
	那个同事总喜欢多嘴　她没有孩子，不能理解我的处境	也许她只是没看见而已
	难过　嫉妒我？嘲讽我？	我不想被人嘲讽
	我不想被别人讨厌	并非大家都这么想
	是否大家都这么想呢？	
	我工作已经很努力了……	

将烦恼写出来之后，便可以看清"这些烦恼从何而来"。结果，很可能也会想通，"我为什么要为这些事烦心呢？完全没有必要嘛！"

"先将心中的烦恼写出来"→"分解为事实、感情、解释"→"确认自己的价值观"。

问题 2

对于时间的价值观，我和老公存在很大差异。

我结婚已经 3 个年头，平时对时间的态度比较散漫，而老公对时间的要求比较高。因为我们俩对时间的价值观有差异，所以一起外出之前总会吵架。一旦定好了出发时间，只要看到我拖拖拉拉，快到时间才收拾好，老公就会批评我："你动作太慢了，咱们得守时！"

我觉得，只要能赶得上就行，可老公必须得提前 5 分钟在玄关等我。有了孩子之后，我们俩因为时间的使用方法，更是频繁地闹别扭，我该怎么办呢？

A 回答　夫妻双方如果对时间的感觉，或者说价值观不一样，确实容易发生矛盾。

在上面的例子中，老公认为"做事情应该守时，而且应该提前"，而妻子认为"只要按时就够了"。这两种价值观，谈不上哪个好、哪个不好。只是不同的人有不同的价值侧重点，有不同的优先顺序而已。

夫妻虽然组成了一个家庭，但双方都是独立的个体，两个人的价值观不可能完全一致。而婚姻生活，就是夫妻双方相互尊重、相互妥协、相互沟通以加深关系的过程。

我建议这个例子中的夫妻开诚布公地沟通一下，为什么丈夫喜欢提前？为什么妻子觉得只要按时就足够了？

经过沟通，也许妻子会发现"丈夫觉得提前才会安心，否则他会紧张、焦虑"，而丈夫也会发现"妻子认为只要按时做事就行了，这样不会太强迫自己，会比较轻松"。这样一来，夫妻双方也许会发现彼此共同的价值观，那就是都不想紧张、焦虑，都想轻松一点，只是双方的表现形式不同罢了。只要发现共同点就好办了，夫妻双方可以想一些具体办法，让双方都得到满足。

例如，在确定出发时间的时候，妻子的出发时间可以设定得比丈夫的早 5 分钟。而按照丈夫的习惯，他会提前 5 分钟做好准备，这样一来，两个人的出发时间不就同步了吗？仅仅是在出发时间上稍微做了点调整，就可以让夫妻双方互相尊重彼此的价值观，又能采取同步的行动。

其实，不管有没有孩子，夫妻双方在日常生活中都难免闹别扭，甚至吵架。但是，大多数情况下发生矛盾的根本原因都不是表面的具体事情，而是背后双方不同的价值观。但就像上面解决

"时间观"的问题一样，我建议夫妻双方在尊重对方价值观的前提下，努力寻找双方价值观中一致的部分，再根据一致的部分思考具体的处理方法。

我不想再"靠贩卖时间挣钱",请问有什么其他形式的工作吗?

我有两个孩子,一个 2 岁,一个 5 岁,而我还在上班,是一个典型的职业妈妈。我在一家所谓的"白色企业(不加班的企业)"工作,比较轻松愉快。但最近,我听到一些新的说法——"靠贩卖时间挣钱""劳动集约型工作方式",这是我 36 年来第一次听说这样的观念。从此我知道,不仅公司职员,就连医生、律师、注册会计师等,都是靠贩卖自己的时间来挣钱的。他们如果不工作,就没有收入,是以自己的时间和劳动为资本来挣钱的。我不想再靠出卖自己的时间来挣钱,这方面您有什么建议吗?

A
回答 首先,日本的学校教育,鼓励大家以后当公司职员,鼓励大家用时间换金钱。普遍的价值观认为考上好大学,考取职业资格证,然后进入大公司工作,是一条比较稳妥的路。因为大学毕业后,就可以应聘进入企业工作,从而获得稳定的收入。以前的日本企业,又基本上是终身雇佣制,所以进入企业就等于一辈子都有着落了。因此,很多人从来没有考虑过其他工作方式,不知不觉就工作到了 30 岁、40 岁……

那么，不用时间换金钱的工作，具体是什么工作呢？我们可以在一本名叫《穷爸爸富爸爸》的书中找到答案。书中说，人类的工作方式主要有4种：E.公司职员；S.个体经营者；B.企业主；I.投资家。其中，E和S是以劳动为主的工作，靠时间换金钱；B和I是靠经营或资本赚钱。

举例来说，我们都知道医生是高收入职业，但医生需要亲自为患者诊断、治疗，必须花时间才能挣钱。不管是受雇于医院的医生（E），还是自己开诊所的医生（S），都是靠出卖时间换钱的。

但对企业主或投资家来说，他们不需要亲自劳动，也可以获得收益。例如，企业主雇人为自己劳动，投资家通过投资获得分红收益。他们不需要出卖自己的时间，也可以获得收益。

对我们这些靠出卖时间来换取金钱的劳动者来说，体力是我们最重要的劳动资本，但随着年龄的增长，我们的体力逐渐下降，最后我们会丧失这一资本。人类摆脱不掉衰老的命运，那么如果是E或S，总有一天无法继续劳动，但B或I则能够不受年龄的束缚，一直赚钱。

如果您也想像B或I那样"躺着赚钱"，那么您在当公司职员的时候，就要开始进行一些练习，为日后当企业主或投资家做

E | **B**

Employee　　Business owner
公司职员　　企业主

S | **I**

Self employee　　Investor
个体经营者　　投资家

准备。

例如，尝试买股票或信托投资产品，写一些文章发表在网上，购买有价值的资产，自己制作商品……开始得越早，您就可以积累越多的试行错误经验，也就越能提高日后成功的概率。通过时间加法获得的时间，用来做这样的尝试，我认为是非常有意义、有价值的。

我常因时间不够而焦虑，我开始讨厌这样的自己。

从学生时代开始，我就总是因为时间不够而焦虑。如果事前计划或准备不充分的话，我就会感到不安。生了孩子之后，就更没时间了，要上班、做家务，还要带孩子，别说自由时间，就是喘口气的时间都少之又少，于是总是烦躁不安。在这样的生活状态下，我常会控制不住自己，粗暴地训斥孩子："你动作快点！"我很讨厌这样暴躁的自己。有什么好办法可以改变现在的我吗？

A 回答 这是因为您没有按照自己的节奏生活、工作，导致精神压力过大。希望您审视自己的生活和工作。

话虽如此，但因为我们无法让一天 24 小时变成更多的时间，所以必须考虑应对方法。

在带孩子的过程中，家长总感觉时间不够用，主要是因为照顾孩子的时候需要做很多选择，还有很多细碎的工作。结果导致注意力难以集中，总有事情在心头，让头脑腾不出空间来思考，同时睡眠不足导致体力、脑力下降等。

　　不知大家听说过"时间饥饿感"的概念没有？就是说，要做的事情太多、太细碎，人就会产生时间不够用的感觉，结果导致生产性降低。

　　举个例子，假设我现在准备开始大扫除，再假设两种情况：第一，1 小时后我有一个约会；第二，1 小时后我没有约会。那么试问，哪种情况下我做大扫除时精力会更加集中？大多数朋友肯定认为，在 1 小时后有约会的情况下做大扫除会更专注。确实如此，但还有另外一个条件大家不能忽视，那就是在约会之前，没有其他任务，只有做大扫除一件事。

　　在照顾孩子的过程中，要做的事情被分得很细碎，而同时，大多数情况下都有时间限制（比如，要按时去接孩子、做饭、洗澡、就寝等）。再看提问者的性格，她说自己如果准备不足的话就会感到焦虑。所以，要做的事情越多，她就需要越多的时间来做好充分的准备，可时间又是限定的，因此当然会感觉时间不够用，而且做事情的效率会变得很低。

　　为防止出现这种"时间饥饿感"，要让自己始终保持一种"应该做的事情并没有那么多，我还有时间"的感觉。

　　为此，我们首先应该把现在要做的事情分为两种："应该做的事"和"做了会更好的事"。如果要做的事情太多的话，那么"做了会更好的事"就应该列入减法候补选项。

在要做的事情中，有哪些因为没做好准备最后没有进行？仔细分析一下，实际上这样的事情可能比我们想象的要少很多。把这些事列成清单，我们就会发现，其实很多事情不用事先做好准备，一样可以做得不错。这样一来，我们就不用焦躁了，可以平心静气地去做该做的事情。

另外，当我们因时间不足而开始焦躁时，可以通过事先设计好的"应对动作"来进行减压、平复心情。比如，感到焦躁的时候就"喝口水"或者"洗手"等。大家可以根据自己的实际情况设计能为自己缓解压力的动作。

老公总是打着"为了家庭"的旗号，按照他自己喜欢的方式工作，对此我感到非常不爽。

　　我和老公都有工作。我们是一个小家庭，住的城市也远离双方的老家。生孩子之后，我选择了"短时出勤"，就是缩减每天的上班时间。可是，我的自由时间并没有因此而增加。我虽然可以早下班，但还是要赶在下班高峰期去幼儿园接孩子。

　　可是，老公对我说："你短时出勤，薪水也减少了，不过不要怕，我努力工作，把你减少的薪水补回来。感谢你带孩子，辛苦啦！"然后，他每天加班到很晚，周六也要外出学习。虽说他是打着"为了家庭"的旗号，但实际是按照他喜欢的方式工作，对此我感到非常不爽。

回答　首先，您在决定"短时出勤"的时候，和老公是怎么商量的？有没有说"我选择短时出勤，上班挣钱就以老公为主，我主要负责带孩子、做家务"？

　　很多夫妻在工作、育儿、家务的时间分配方面发生矛盾，主要是因为最初没有商量清楚（我家当初就是这种情况）。比如，因为带孩子需要牺牲一个人，那当妻子决定短时出勤时，夫妻俩是否商量过"双方承担的育儿工作、家务的比例""老公工作的时间"，以及"随着孩子年龄的增长，夫妻双方又该怎么分配时间"等问题。

在本问题的提问者眼中，也许老公是按照自己喜欢的方式工作，有些任性。但也许老公心里想的是："我也想多待在家里陪家人，帮妻子做家务、带孩子。但妻子选择了短时出勤，收入降低了，我就得扛起这个家的生计，努力工作，多学些技能。所以我不得不加班到很晚，周末也得出去学习。"

另外，老公在家里时间少，可能也不容易体会到妻子为家务、育儿所付出的辛劳。因此妻子对老公"为家庭付出的时间少"感到不满，进而对老公产生抱怨情绪。

再进一步分析（我的想象），也许妻子心里会想："老公的职业道路越走越好，我却花大量时间在家里带孩子、做家务，职业道路越走越窄。"

如果在妻子决定短时出勤之前，夫妻俩没有商量好家庭未来的大方向（如果事先商量好了，恐怕也就不会向我提问了），造成妻子产生抱怨情绪，那么其实现在也正是夫妻双方坐下来好好谈一下双方的时间分配、未来的职业规划等问题的大好机会。

"对于未来的职业规划，夫妻俩各自有什么样的想法？"

"老公现在为工作努力，那妻子几年之后也可以像老公一样全身心投入工作吗？"

"当前这段时间，夫妻俩该如何相互支持对方呢？"

为了防止多年以后妻子后悔地说"那些年，我做了太多的牺牲……"，最好在当下，夫妻双方就好好讨论一下未来。

我妻子是家庭主妇，但我看她利用时间的方法似乎有很多问题。

我今年 37 岁，在一家长时间劳动型企业里担任管理职务，有一个 3 岁的女儿。

妻子生孩子后，因为家务、育儿和工作难以两全，她就辞掉了工作，专心在家料理家事。但最近，妻子老是抱怨："每天都过着一成不变的生活，带孩子太辛苦啦！"我看得出，她有回归职场的念头。现在，她每天在家里不好好做饭、打扫卫生（我不是批评她），也不为了重归职场而学习。我觉得她利用时间的方法很有问题，您能给点建议吗？

A 回答 首先，请您的妻子把一天中所做的事情以 30 分钟为单位，列一个清单。她能写得出来吗？如果她写不出来的话，您可以和她一起写。

您觉得妻子利用时间的方法有问题，但实际上，陪 3 岁的女儿度过一天，其中会出现很多看不见的细碎时间。

写出来您就会发现，妻子要给孩子做饭、喂饭，撒在桌子上的食物还要擦干净，孩子闹情绪还要哄她，仅仅是带孩子吃一顿饭，1 小时的时间估计都打不住。

您一天都在公司上班，看不见妻子在家里做的事情，回到家心里可能会想："你这一天都做了些什么？"但妻子实际上可能根本无法回答这个问题，因为这一天根本没做什么像样的"大事"，却被无数琐碎的小事纠缠消耗了所有时间。妻子发牢骚，可能抱怨的就是这样的生活节奏。带孩子，不是一件马上就能看到结果的事情。但正是每天无数琐事的重复、积累，才让孩子健康、茁壮地成长。做家务也是一样，虽然妻子每天都做家务，但实际家里并不会有多大的变化。可是正因为妻子做了家务，才能让家庭生活保持舒心，如果她不做，那家里恐怕就会有变化了。

再加上家里还有个 3 岁的幼儿，要想挤出属于自己的自由时间，就更难了。我建议您有机会的话体验一下妻子的日常生活，一次就好，周六、日两天 48 小时，您来做一下妻子的工作。估计您到时候就能体验到妻子利用时间的方法，也能体会到她所说的"每天都过着一成不变的生活"了。

对于自己没经历过的事情、没看见的事情，人们总倾向于凭想象去判断。您在一家长时间劳动型的企业中担任管理职务，您想过没有，您每天能够长时间在公司工作，正是因为背后有人帮您消除了后顾之忧，把家务做得井井有条，把孩子照顾得健健康康。

自己尝试一下就会知道。只要您体验一下妻子的生活，相信您对妻子的态度一定会有所改变。而且，看到您的变化，您的妻子也一定会有变化。我相信您一定能做到，因为您是为了妻子才来向我提问，有这样的行动力，您在日常生活中也一定能够改变现状，让妻子和自己都满意。我为您加油！

公司开会总是拖拖拉拉，从没按预定时间结束过。有什么好方法可以让会议按时结束呢？

我们公司对员工迟到的惩罚非常苛刻，每次开会却总是延时，从没按预定时间结束过。我每天下午要去幼儿园接孩子，所以每次下午开会我都提心吊胆的，就怕耽误了接孩子。有好几次我不得不在会议中战战兢兢地向领导请假："不好意思，幼儿园快放学了，我得接孩子去了，所以先告辞了。"我只是一个普通职员，没有决定会议时间的权利。请问您有没有好的建议，可以让公司的会议按时结束呢？

A 回答　会议原本设定了结束时间，可到了时间还不结束，拖拖拉拉。我想不仅是您，谁遇到这种情况都会感觉很烦。

在日本公司中，对开始的时间要求很严格，对结束的时间却常常拖延，这是一种奇怪的文化。而且您要去幼儿园接孩子，所以您那种焦躁的心情我非常理解。

首先，我想问您所在的公司每次开会时有没有议程？

一般的会议都会事先设置好讨论的议题，由谁发言，发言者有几分钟的时间……如果贵公司的会议没有这样的议程，我建议您为会议设计一个议程，并提交给会议主办者。这样一来，会议的整体流程和结束时间就明确了，有助于大家把握时间。如果贵公司已经有了会议议程，那么是否设置了专人来把握会议时间呢？如果没有的话，您可以提议主办者为会议设置这一角色。

在提建议的时候有一个小窍门，不要说："能不能设置一个专门把握会议时间的人？"而应该说："今天由谁来把握会议时间呢？"让会议主办者意识到，设置把握时间的人是理所应当的事情。

而且，在会议开始之前，应该把打印好的会议议程放在专门把控时间的人的桌子上。还要把会议的议程、每项议题的讨论时间通知到每位参会人员。另外，您也可以自告奋勇，担任把握会议时间的人，快到预定结束时间时，主动提醒会议主持人剩余的时间。这样一来，会议基本上都可以按照预定时间结束了。

实际上，这些方法我在公司里都使用过，效果很不错。一开始，当我提醒"还剩 5 分钟"的时候，有些前辈并不当一回事，还是按照自己的节奏发表意见。但是，大多数参会人员都能意识到按时结束会议的重要性。所以，在这样的氛围之下，个别不守时的前辈也不得不有所收敛。最终，从团队会议、部门会议，再到公司会议，基本上都能按时结束了。

　　我告诉您的这些方法，您可以尝试一下。当然，如果您觉得不好意思做，那就不做，那是您的自由。不过，我觉得因为做了而后悔，总比因什么都没做而后悔，要好一些。所以，抛开顾虑，大胆地去尝试一下吧！

我想请教数字工具和笔记本各自的使用方法。

您说过可以同时使用数字工具和笔记本来管理时间，我想请教这两种工具各自的具体使用方法。我想把这些工具都利用好，以便更好地管理自己的时间。

A回答 简单地讲，我用数字工具管理现在的时间，用笔记本管理未来的时间。

我会把预定的事情输入数字工具（Google 日历等）中，然后和智能手表联动，手表可以提前 15 分钟响起闹铃，以提醒我该做预定的事情了。因为我这个人比较健忘，所以我会把各种预定的事情都输入数字工具中，比如，垃圾分类回收日、孩子学校要求提交文件的日期等。我记性不好，就用智能手机、手表来帮助自己记忆，这样就可以把大脑解放了。举例来说，以前我总是忘记垃圾分类回收日（尤其是资源类垃圾，每月只有一天可以扔这种垃圾，错过了就得再等 1 个月），有了数字工具的提醒，我就再也没有错过倒垃圾的日子。不用费心记忆这些事情，我就可以保持自己思考的能力，将其用在其他更需要思考的事情上。所以，管理现在的时间（有明确预定事项的时间），我主要使用数字工具。

另外，我们家庭共同的预定，也会被输入家人共用的数字日历中，这样大家就都不会错过了。

那么，笔记本该怎么用呢？我主要用笔记本来管理未来的时间，换句话说，就是"为了自己的未来而管理时间"。在将时间可视化的时候，我会把"理想一天的时间表"写在笔记本上，根据这个时间表来做减法和加法。我也会把将要做减法、加法，以及试行错误的项目记录在笔记本上。

例如，我决定半年后去登山（时间加法）。然后我会在笔记本上从半年后往前推算，以月为单位推算，把每月自己能做些什么（减法、加法）写出来。比如，第一个月调查登山相关信息，为此，我要把每天的读书时间缩短 15 分钟。因为这和现在的时间轴可能不太一致，发生变化的可能性也比较大，所以我用笔记本来记录。

同时使用数字工具和笔记本，一段时间后，我们就可以用语言对现在和未来的时间进行描述，也可以发现现在与未来之间的联系，所以我极力推荐大家同时使用这两种时间管理工具。

带孩子又要全职上班，我真的是一点闲暇时间都没有。

我是一个既要带孩子，又要全职上班的职业妈妈，老公每天晚上 9 点以后才回家。

大儿子上小学（一年级）之后，我的时间管理更难了。除了照顾孩子的生活，还要辅导他的学习，而他做作业又磨磨蹭蹭的，所以我经常控制不住自己吼他："快点写！"头痛的是家里还有个上幼儿园的老二。我知道这样下去不行，可也没有别的办法，我现在都想辞掉工作了。

A 回答　您确实很辛苦。我也有类似的经历，我家老大上小学一年级的时候，我那时下班回到家已经是晚上 7 点，到孩子上床之前只剩 2 小时的时间。这 2 小时里，我要帮老大检查作业，还要帮老二完成幼儿园的任务，真的是太紧张了。

首先，我根据下班回家后可用的时间和必须要做的事情列了一个任务清单。这样一来，先把应该做的事情可视化，同时可以为各项任务安排一个先后顺序。

举例来说，假设晚上 6 点到家，9 点孩子必须上床睡觉。那么，这之间就有 3 小时的时间。我要做的事情有家务事、照顾老二、辅导老大学习。具体来看，家务事有"做饭、饭后收拾、洗衣服、晾衣服、洗澡、做老二第二天上幼儿园的准备工作"，照顾老二重要的是"喂他吃饭"，辅导老大学习有"检查作业、准备文具、写家校联系手册等"。

按优先顺序应该是先做完饭，为两个孩子做第二天的上学准备。这两项各需要多少时间，我会一一做个时间预算。然后是辅导老大学习，"做作业、检查作业 40 分钟，准备文具 10 分钟，写家校联系手册 10 分钟，合计就得 1 小时"。

我会和老大一起预算时间，把"做作业、检查作业 40 分钟，准备文具 10 分钟"写在便笺上，贴在老大的书桌上。

在这些主要任务的间隙，我会穿插着做家务事。如果实在做不完，可以在老公回家后请他帮忙，如果他也忙不过来，就做减法。

帮助老大把该做的事情可视化是很重要的。这样是在告诉他，时间是有限的，帮助小学生建立珍惜时间的习惯，比洗碗之类的家务更重要。

珍惜时间的好习惯将影响孩子的一生，所以一定要趁他还小的时候，就把这个好习惯建立起来。另外，对一年级的小学生来说，如果他无法按照预定时间表完成任务，也不用过分苛责他。

只要告诉他："我们 9 点要上床睡觉，如果到时你还没做完，就自己把作业做完，然后再去睡觉。"对孩子来说，这是一种"管理时间"的训练，让他们清楚，自己不会管理时间的话，没人会帮他管理。如果某一天任务比较多、比较困难，可以和孩子一起调整任务的设置，如果他能按时完成任务，就要大力表扬。时间一长，他就会逐渐养成自己管理时间的好习惯。

10 不受时间和场所限制的工作方式，看起来很奇怪。

虽然我也想过不受时间、场所限制的生活，但在大家眼中（实际是在我自己眼中），不受时间、场所限制的工作，大多是比较奇怪（传统眼光不太容易接受）的工作。作为一名普通公司职员，我想象不出还能通过什么其他方式挣大钱。您觉得有哪些可以不受时间的束缚，也不会被大家认为奇怪的工作呢？

A回答 我先反问您一个问题，您觉得受时间、场所束缚的工作有哪些呢？像公司职员、公务员都会在固定的场所、时间工作；饭店、商店的工作人员，也是在固定的店铺等待顾客光临；美容院、健身房等为顾客直接提供服务的工作，也都受时间、场所的制约。那么，您觉得上述类型的工作，都属于不奇怪的范畴吗？我认为任何事情都不能一概而论。

选择不受场所、时间束缚的工作方式，不需要在固定的场所（公司、店铺）、固定的时间（上班时间或营业时间）工作，他们需要进行自我管理。比如，作家、房地产租赁业从业人员、贸易商等。

虽说这些人不会受"固定时间"的束缚，但他们需要自己管理、调整自己的工作时间。所以，要说他们完全不受时间的束缚也不准确。另外，他们虽然可以按照自己的喜好安排工作时间，但也需要具有事先预估工作时间和制订计划的能力。

对于"奇怪"的定义，大多受到个人认知水平的限制。"根本不知道有这样的工作"才会觉得它很"奇怪"，正所谓"少见多怪"。所以，一种工作奇怪与否，和它受不受时间、场所的限制毫无关系。

那么，哪种工作或工作方式好呢？我个人觉得，如果一个人善于进行自我管理，又有独立思考的能力，会自己寻找合适的工作，那么这个人比较适合从事不受时间、场所束缚的工作。

反之，也有人喜欢在固定的场所工作，让公司帮助自己管理时间。

工作方式没有好与坏之分，只有适合与不适合。

所以，我给您的回答只能是，好的工作方式"因人而异"。希望您先把自己理想的一天梳理出来，写在纸上，在充分了解自己的基础之上，寻找适合自己的工作方式。

我想全力支持妻子的工作，可在职场中得不到周围人的理解。

　　我和妻子都要上班，家里还有孩子需要照顾。为了支持妻子工作，我每周去幼儿园接孩子 2 次，送孩子 3 次，在家里还负责洗碗、晾衣服等家务。

　　但是，公司里的上司、前辈不理解我，甚至有点瞧不起我做的事。他们认为"那些都是女人的事"。为了接孩子，我不能加班，出差也得挑日子，所以同事们似乎有点不喜欢我。我个人觉得，如今的时代，人们不应该对别人的私人时间说三道四。而且看到上司还有那种落后的观念，认为带孩子、家务事都是女性的工作，我觉得这样的公司前途堪忧。所以，自己在这样的公司工作，我对自己的前途也充满不安。对此，请问您有什么好的对策吗？

A 回答　如果一个企业的员工具有多样性（年龄、性别、工作方式），各个员工的生活环境、成长背景、文化背景都不同，便容易形成尊重、包容的企业文化。在这样的公司里，丈夫帮助妻子带孩子、做家务，一般会受到理解、尊重。

　　但毕竟"男主外，女主内"的传统观念根深蒂固。以前，大多数家庭中都是丈夫上班挣钱，妻子做家庭主妇。即使妻子也工作，家务事、带孩子的工作也基本是妻子承担的。如果您所在的公司里，拥有这种传统观念的男性居多，那么恐怕您支持妻子的行为，就不容易得到理解。

我想问一下，您公司里像您的家庭一样，夫妻共同工作的男同事多吗？如果有几个这样的同事，贵公司的氛围有可能会逐渐得到改善。所以，我建议您不用太在意别人的看法，继续按您自己的想法去做就行了。

但是，如果环顾整个公司，只有您的家庭是夫妻都工作，只有您要帮妻子照顾家庭和孩子，那么，您一定要做好相应的心理准备：

① 在照顾孩子的这几年之内，不要期待在公司中能获得高评价；

② 妻子承担更多的家务、照顾孩子的工作，而丈夫还是以工作为主；

③ 跳槽，离开现在的公司，找一家夫妻共同工作情况较多的公司。

我很理解您想把工作和家庭都维护好的心情，也愿意为您加油鼓劲。但出于社会、文化原因，我们没有办法要求所有人都打破传统观念，这一点非常遗憾。

2020 年，有一家人才服务公司进行了一项调查，调查对象是有孩子的 30 多岁男性普通公司职员和 50 多岁的男性管理层职员（合计 1000 人）。调查的内容之一是"对于工作、家务、育儿的态度"。结果显示，九成以上的管理岗位男性职员对于员工因为育儿而"无法加班""取得带薪休假""不参加聚餐"等表示理解，但是，对于女性职员的容忍度，要高于男性职员。

日本正处于从传统的"男主外，女主内"向"男女平等，共同工作"的时代过渡的阶段，您能大胆地做出支持妻子的选择，是非常值得敬佩的。我相信，也会有很多伙伴支持您，那些一边工作一边带孩子的妈妈，绝对会是您的支持者。人生的时间是有限的，我们要用有限的时间做有意义的事情，该怎么选择、取舍，除了根据自己的价值观进行判断之外，还要多和伴侣商量。在相互理解的基础上采取行动，才能走得更远、更顺利。

后记

朋友们，读完这本书，您心中对时间的理解是否有所改变呢？我为大家介绍了时间的可视化、时间减法、时间加法这 3 种方法。通过这 3 种方法，我们可以让自己的生活更加符合自己的价值观、想法，直到实现自己理想的生活。当然，在这个过程中肯定会伴随着痛苦，但我相信，更多的将是快乐的时光。

从 7 年前开始，我尝试实行"断舍离时间术"，经过不断地试错、修正，才有了今天的时间管理方法。也正是借助这样的时间管理方法，现在我有能力选择自己喜欢的生活方式，每天都过得很充实。

2020 年 4 月，我做了一个巨大的"断舍离"决定。我辞掉了做了 16 年的工作。公司的同事，甚至我自己，都没有预计到自己会辞掉这份工作。

但是，要做一个大的加法，就需要先做一个大的减法。新型冠状病毒肺炎开始流行的 2020 年年初，我也站在了人生的岔路口。为了过上自己理想的生活，最终我决定辞职。

　　这个决定到底正不正确，现在我还没法下定论。人生中的重大选择到底对不对，还要看后面会采取什么样的行动。不同的行动会带来不同的结果。也就是说，将每一个时间点的使用方法串联起来，连成一条线，就将得到我们的答案。

　　看着两个孩子的成长，我深感"他们每天也在不断地试行错误"。通过每天的尝试、犯错、修正、再尝试，他们花时间来摸索自己"喜欢的东西、想做的事情、能做的事情"，这个过程就是在寻找他们理想的人生。

　　但是，他们纯粹是以"有趣！快乐！"为出发点采取行动的。为什么孩子可以这样做，我们成年人却不能单纯地从幸福、快乐出发过日子呢？长大成人之后，往往"自己的幸福、自己珍惜的事物"会被不断地往后排，直至最后自己都忘记了。曾经有段时间，我就在忙碌的一天一天中迷失了自己，看不见自己的幸福和自己想要的东西。

　　这本书与名人、专家所写的"时间管理术"不同。作为一个既要带孩子又要上班的妈妈，最初开始管理时间的契机是"时间不够用，每天疲于奔命"的烦恼。相信有很多女性朋友和我有类似的遭遇，我希望她们也开始认真思考一下自己的人生，思考一下自己使用时间的方法。如果能尝试一下我的"断舍离时间术"，即使试行错误，也将是人生成长中的重要一步。

在这里，我要感谢在本书编写、出版过程中给予我大力帮助的朋友们：给我诸多指导的责任编辑白户小姐；当我文思枯竭时给我启发的莲见女士、高野女士，这两位和我一样，也是职业妈妈。在此，请收下我的谢意！另外，还有一个人我必须感谢，那就是作家、房地产投资家加藤博之先生。是他一直在背后鼓励我："把你的经验写成书，分享给更多人吧！"

我在写书期间，丈夫也给了我极大的帮助。是他帮我照顾两个孩子、做家务，我才有更多的自主时间用于写书。最后还要感谢我的两个孩子，他们就是我的快乐之源。我希望他们长大之后，不会陷入时间的旋涡里挣扎，而是做时间的主人，可以用加法来自主选择时间，从而把人生掌握在自己手中。

感谢每一位读者朋友，您能耐心地读到最后，我倍感荣幸！

最后我想以一句话做结尾，这句话是一位前辈对我说的，她也是一位职业妈妈。她的这句话就像指路明灯，在我迷茫的时候、想放弃的时候，给我方向，推着我继续前进！我写在下面，与大家共勉。

"你可以的！只差一个决心！"

尾石晴

「やめる時間術 24時間を自由に使えないすべての人へ」尾石晴（ワーママはる）
YAMERU JIKANJYUTSU 24JIKANWO JIYUUNI TSUKAENAI SUBETENO HITOE
©2021 Haru Oishi
Original Japanese edition published by Jitsugyo no Nihon Sha, Ltd., Tokyo, Japan
Simplified Chinese edition published by arrangement with Jitsugyo no Nihon Sha, Ltd. through
Japan Creative Agency Inc.

著作权合同登记号：图字18-2021-313

图书在版编目（CIP）数据

时间内卷 / （日）尾石晴著；郭勇译. -- 长沙：
湖南文艺出版社，2022.3
ISBN 978-7-5726-0593-2

Ⅰ.①时… Ⅱ.①尾… ②郭… Ⅲ.①时间－管理－
通俗读物 Ⅳ.①C935-49

中国版本图书馆CIP数据核字（2022）第018739号

上架建议：商业·成功励志

SHIJIAN NEIJUAN
时间内卷

著　　者：[日]尾石晴
译　　者：郭　勇
出 版 人：曾赛丰
责任编辑：刘雪琳
监　　制：邢越超
策划编辑：李彩萍
特约编辑：张春萌
版权支持：金　哲
营销支持：文刀刀　周　茜
封面设计：主语设计
版式设计：李　洁
出　　版：湖南文艺出版社
　　　　　（长沙市雨花区东二环一段508号　邮编：410014）
网　　址：www.hnwy.net
印　　刷：三河市中晟雅豪印务有限公司
经　　销：新华书店
开　　本：880mm×1270mm　1/32
字　　数：153千字
印　　张：7.5
版　　次：2022年3月第1版
印　　次：2022年3月第1次印刷
书　　号：ISBN 978-7-5726-0593-2
定　　价：49.80元

若有质量问题，请致电质量监督电话：010-59096394
团购电话：010-59320018